ISTO É UM BANDA?

CB017021

DANIEL SOARES FILHO

ISTO É UMBANDA?

Rio de Janeiro
2022

Texto © Daniel Soares Filho, 2019
Direitos de publicação © Editora Aruanda, 2022

Direitos reservados e protegidos pela lei 9.610/1998.

Todos os direitos desta edição reservados a
Fundamentos de Axé
um selo da EDITORA ARUANDA EIRELI.

Coordenação Editorial Aline Martins
Preparação Letícia Côrtes
Revisão Editora Aruanda
Design editorial Sem Serifa
Imagens da capa Ekaterina_Lin/iStock
                  FernandoPodolski/iStock
Impressão Editora Vozes

Texto de acordo com as normas do Novo
Acordo Ortográfico da Língua Portuguesa
(Decreto Legislativo nº 54, de 1995)

Dados Internacionais de Catalogação na Publicação (CIP)
de acordo com ISBD
Bibliotecário Odilio Hilario Moreira Junior CRB-8/9949

S6761   Soares Filho, Daniel
        Isto é Umbanda? / Daniel Soares Filho. – Rio
        de Janeiro, RJ: Fundamentos de Axé, 2022.
        128 p. ; 13,5cm x 20,8cm.

        Inclui bibliografia.
        ISBN 978-65-87708-11-9

        1. Umbanda. 2. Religião. I. Título.

                                        CDD 299.6
2021-3210   CDD 299.6

        Índice para catálogo sistemático:

        1. Religiões africanas   299.6
        2. Religiões africanas   299.6

[2022]
IMPRESSO NO BRASIL
https://editoraaruanda.com.br
contato@editoraaruanda.com.br

*Onde houver um irmão de fé disposto a se entregar
de coração, corpo e alma ao serviço mediúnico,
ali haverá Umbanda!
Onde houver a verdade e o respeito aos fundamentos,
onde não couber a vaidade e a presunção,
ali haverá Umbanda!
Onde a caridade faz morada e a misericórdia é o clamor,
ali haverá Umbanda!*

*A Umbanda não é disputa de valor nem de grandeza.
A Umbanda não estabelece limites por formas ou cores.
A Umbanda não é a que quer se sobrepujar aos demais.*

*É o silêncio da prece, a força dos orixás, a certeza da missão.
Onde houver Umbanda, ali estará a grandeza da criação!*

Saravá Umbanda!

ISTO É UM BANDA? ISTO É UM BANDA? ISTO É UM BANDA?

ISTO É UMBANDA?

AGRADECIMENTOS

Há tantos agradecimentos a fazer que as palavras ficam parcas. Entretanto, não posso fugir à justiça de dizer obrigado aos que tornaram meu texto uma realidade.

Em primeiro lugar — como não seria de outra forma —, sou grato a toda a espiritualidade que me concede, a cada dia, a luz do sol e o brilho das estrelas e da lua, que iluminam minha vida. A todos os orixás, forças da natureza, que me ensinam a caminhar.

Agradeço a convivência com minha babá e com meus irmãos de terreiro que, na troca fraterna de experiências, colaboram com meu desenvolvimento como médium e como homem.

Obrigado à Aline, minha editora, por confiar em minhas ideias e por lançar esta obra.

A aceitação do convite para assinar a quarta capa desta obra pelo irmão Thiago também me enche de gratidão.

Os olhos atentos da revisão não só das estruturas, mas da compreensão do conteúdo, devo a Leley, companheiro de jornada — escolhemos caminhar juntos na vida e nas sendas do aprendizado dos mais belos ensinamentos da Umbanda. Obrigado pela paciência e pelo apoio incondicional, seja no silêncio ou no elogio.

Agradeço a todos os leitores, sem os quais as palavras nunca se tornariam um texto.

Muito axé na vida de cada um de nós.

Que prossigamos na missão que a Umbanda nos delegou!

Meus mais sinceros agradecimentos!

ISTO É UMBANDA?

SUMÁRIO

Introdução 15

1. Diferentes práticas, Umbanda sempre 19

2. Umbanda de poste 25
   2.1 No muro da linha de trem 25
   2.2 Trabalhos de amarração 26
   2.3 Uma conversa entre amigos 28
   2.4 Não temos entidades nos postes 29

3. A Umbanda cobrada 33
   3.1 Quanto custa a consulta? 33
   3.2 Princípios norteadores 34
   3.3 Quem paga as contas? 37
   3.4 Um caso para encerrar 41

4. Penteando o mar 43
   4.1 Férias na praia 43
   4.2 Responsabilidade dos umbandistas 45
   4.3 Reflexões como umbandistas 46
   4.4 Tradição, hábito ou necessidade? 49
   4.5 Repensando práticas 53

5. Pai de santo EaD 55
   5.1 Diplomado 55
   5.2 Geração de recursos 56
   5.3 Formação sacerdotal na Umbanda 58

6. Exu e diabo não são a mesma coisa 63
   6.1 Hora do testemunho 63
   6.2 Quem são os exus? 64
   6.3 Aproveitadores da ignorância alheia 69

7. Surra de orixá 73
   7.1 Para entender os motivos do fracasso 73
   7.2 Os orixás 75
      7.2.1 Os orixás na África e no Brasil 75
      7.2.2 Onde nascem os equívocos? 78
   7.3 Não confundir obrigação com castigo 80

8. O celular da pombagira 83

8.1 Moço, liga para ele 83

8.2 Tradição e modernidade 84

8.3 "Escolinha" para as entidades? 87

8.4 Então, o que pode ou não
de tecnológico em um terreiro? 88

9. Afinal, quem é meu pai? 91

9.1 E agora, para quem peço a bênção? 91

9.2 Cuidado com quem lhe diz quem são
seus pai e mãe orixás 93

9.3 As revelações e os oráculos 95

9.4 Não sou filho de orixá para
publicar nas redes sociais 97

10. As "bandas" da Umbanda 101

10.1 Só um pilar? 101

10.2 Os pilares da religião 102

10.3 Alerta 105

11. Afinal, se nada disso é Umbanda,
o que é Umbanda? 109

Conclusão: com a palavra, a Umbanda! 117

Referências 125

ISTO É UM BANDA?

ISTO É UMBANDA?

INTRODUÇÃO

A verdade só pode ser dita nas malhas da ficção.

— Jacques Lacan, 1901-1981 —

Nada do que entra num livro vem de outro lugar que não seja este mundo mas o romance, ao achar-se feito, entra ele também a influir na vida.

— José Saramago, 1922-2010 —

Para justificar os capítulos que se seguirão, gostaria de somar às vozes do psicanalista francês e do escritor português as ideias de Carlo Ginzburg sobre questões da realidade e da ficção. Ginzburg (2007), em seu livro *O fio e o rastro*, coteja conceitos do real e do ficcional e demonstra como estes funcionam nas sociedades. Tanto as duas referências da epígrafe como a tese do historiador italiano vão ao encontro do desenho deste livro. Qual seja, o de se valer do ficcional para descrever o mundo palpável. Ampliando a explicação, vejamos como isso se dá.

A concepção de *Isto é Umbanda?* envolve a apresentação de algumas práticas, noções e conceitos que, de forma equivocada, povoam o ideário dos desconhecedores da religião. Partindo dessa premissa, imaginei o seguinte esquema: iniciar cada capítulo com uma história que aborde um tema relativo a uma prática religiosa que possa ser atribuída à Umbanda por parte das pessoas que não conhecem a religião. A partir da narrativa, sigo para uma discussão que visa a mostrar que, apesar dos atos serem conferidos à Umbanda, da Umbanda muito provavelmente não são.

Meu objetivo não é criar tensões interpretativas sobre as diferentes formas de se praticar a Umbanda. Sei — e existem muitos autores e textos que ratificam — que não podemos afirmar que só há UMA maneira de se realizarem os cultos umbandistas. Não se trata disso! Cada casa tem suas regras e seu *modus operandi* — sempre balizados pelas influências que receberam de seus ancestrais. Alerto, em vez disso, para uma grande quantidade de informações e notícias que colocam "nas costas" de nossa religião e que não fazem parte dos fundamentos ou, muito menos, da filosofia umbandista.

Assim, apresentarei ao leitor pequenos contos (sem o compromisso de serem reais) e, em seguida, reflexões que apontam para a desconstrução da imagem do que é imputado à Umbanda sem ser realmente uma atividade da religião.

Portanto, cabe afirmar que o objetivo macro do livro é desmistificar — no sentido mais literal da palavra: "não mistificar" — uma religião que desde os tempos mais remotos sofre o preconceito e a perseguição — das chibatas escravocratas até as invasões de terreiros atuais.

Espero, com cada texto, explanação e reflexão, colaborar com aqueles que entendem a máxima de que, para se criticar, há de se conhecer. Creio firmemente que somente a luz do conhecimento é capaz de dissipar as trevas da ignorância.

Meus mais profundos desejos de axé para a sua leitura.

Introdução

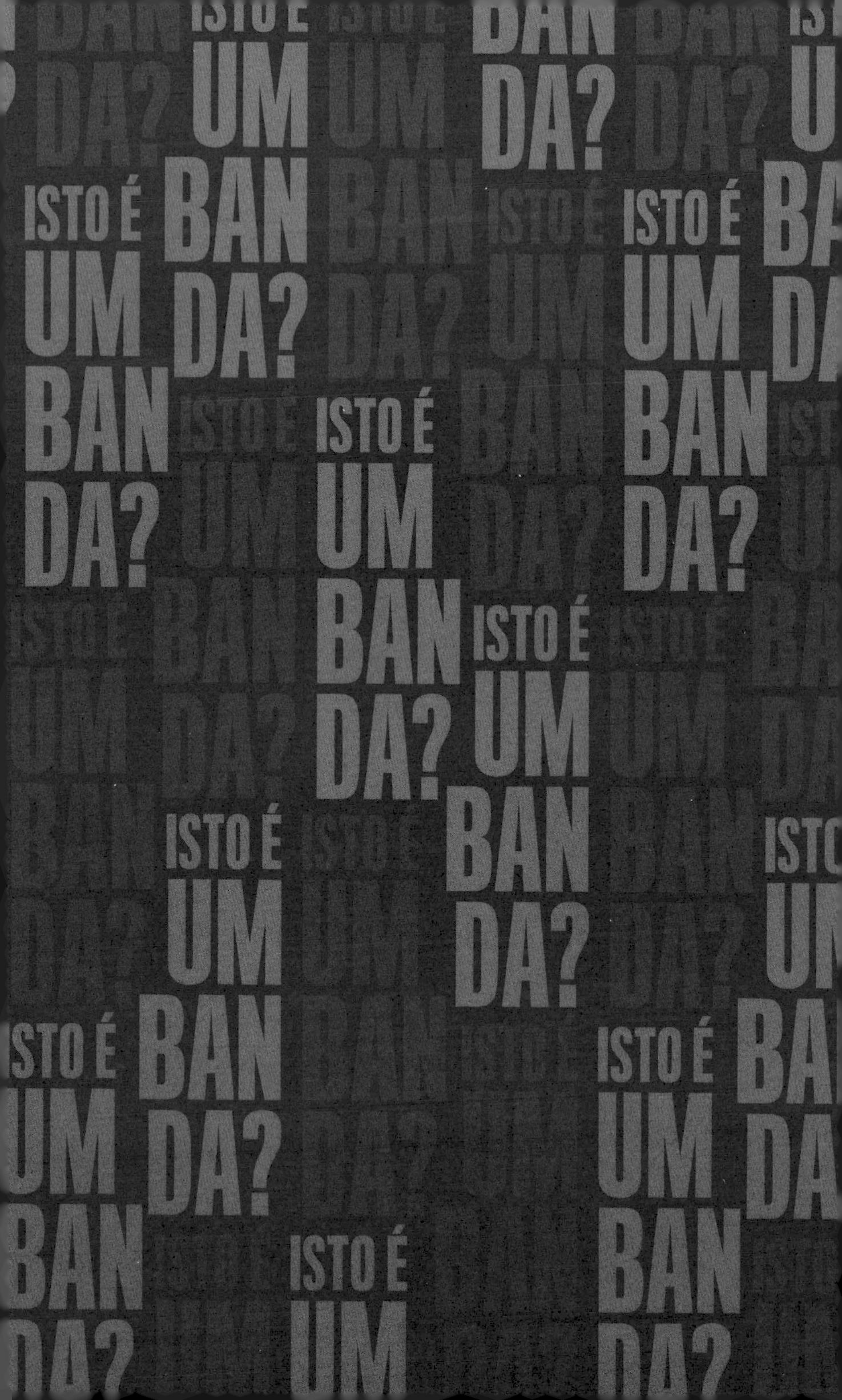
ISTO É
UM
BAN
DA?

ISTO É UMBANDA?

1

DIFERENTES PRÁTICAS, UMBANDA SEMPRE

Reforço que não tocarei em pontos sensíveis das diferentes práticas da Umbanda. Sabemos que há uma grande discussão com temas relacionados à religião e que ocasionam divergências, embates e algumas rixas entre casas, pesquisadores, curiosos e "senhores da verdade" de assuntos vinculados à Umbanda.

Vemos em diversos estudos e textos de opinião que existem debates — às vezes acirrados — sobre questões como:

- o corte (a imolação ou a sacralização) nos rituais de Umbanda;
- a compra ou a confecção própria das guias (ou fios de conta);
- o funcionamento durante a Quaresma;
- o respeito às datas católicas;
- a colocação ou não de imagens dos orixás no gongá;
- a nomenclatura e a classificação das Sete Linhas;
- a classificação em Umbanda branca, traçada, omolocô etc.;
- os banhos de ervas de corpo todo ou do pescoço para baixo;
- a polêmica de que médium do sexo masculino não recebe orixá feminino.

E tantos outros tópicos que preenchem listas e listas de discussão nas redes sociais e em vídeos nas mídias.

Com uma verificação mais detalhada, percebe-se que todos os assuntos listados geram, vez por outra, celeumas entre os adeptos da Umbanda. Pela experiência adquirida no tempo em que percorro os caminhos da religião e devido às leituras que já colecionei, vejo que cada tópico é efetivamente praticado em algum terreiro e, ao mesmo tempo, é alvo de críticas em outro.

Há os que se arvoram em dizer que "a verdadeira Umbanda não faz isso", "Umbanda mesmo não pratica aquilo" e por aí vai. Todavia, seria muito inocente — ingênuo demais, inclusive — pensar que seria possível congregar diferentes formas e práticas umbandistas em uma só regra. Estaríamos esquecendo dois fundamentais fatores: o tempo e o espaço na conformação da religião. Determinados fatos históricos de isolamento proposital dos núcleos religiosos em diferentes regiões do país fizeram cada prática tomar rumos próprios, tornando o conceito e a visão do sagrado plurais.

Não me refiro somente aos tempos do cativeiro que, por estratégia dos senhores escravagistas, mantinham afastados nações e núcleos familiares. Há também outras motivações de segmentos políticos e sociais que influenciaram o distanciamento de alguns cultos, como a tentativa, nas primeiras décadas do século XX, de legitimar, dar credibilidade e segurança à Umbanda por meio do embranquecimento da religião.

A Umbanda é o resultado da união, adequação e amálgama de diferentes raízes — e isso não é novidade para ninguém. Temos raízes africanas, europeias e indígenas, sem contar as influências orientais. Há locais — por suas histórias de resistência, luta ou mesmo ocultamento — que mantiveram, predominantemente, a influência das culturas negras; outros vincularam-se mais às experiências ameríndias; e há os que se embasaram nos ensinamentos do Espiritismo. Seja como for, somos todos Umbanda!

Não há como contradizer isso. Entretanto, na mesma medida, também não há como criticar ou execrar dife-

Diferentes práticas, Umbanda sempre

renças — por força das influências ou simplesmente por não conseguir enxergar o outro como legítimo.

Cada um é responsável pela forma como fala e age em relação aos irmãos. Se mais severos ou inflexíveis, não nos cabe julgar. Certa vez, aprendi com os ensinamentos de um mestre indiano que "não importa como os outros são, o importante é como somos". Muito provavelmente, essa máxima há de guiar as páginas seguintes para tentar não asseverar sobre "uma Umbanda" ser mais correta que a outra. O cerne deste livro é alertar para uma disseminação de informações perigosas sobre a Umbanda que galopam aceleradamente e atribuem à religião brasileira estados e atividades que não nos representam.

Discorrerei sobre procedimentos e ações que dizem ser umbandistas, mas que merecem reflexões mais profundas do que a simples classificação de atos religiosos, pois muitos beiram o charlatanismo e a imprudência.

Por isso, irmã e irmão leitores, colaborem dirimindo dúvidas e desdizendo o que afoitos e preconceituosos alegam ser práticas umbandistas. Reitero minha visão de que só o conhecimento é capaz de trazer o esclarecimento. Nossa voz será o alicerce que anulará aqueles que tentam manchar o branco imaculado da bandeira de Oxalá. Seremos sempre mais, se formos unidos na convicção da fé que abraçamos e na qual cremos.

ISTO É UM BANDA? ISTO É UM BANDA?

BANDA? UM UM DA? DA? UM

ISTO É BAN BAN ISTO É ISTO É BA

UM DA? DA? UM DA

BAN ISTO É ISTO É BAN BAN ISTO

DA? UM UM DA? DA? UM

STO É BAN BAN ISTO É ISTO É BA

UM DA? DA? UM UM DA

BAN ISTO É ISTO É BAN BAN ISTO

DA? UM UM DA? DA? UM

STO É BAN BAN ISTO É ISTO É BA

UM DA? DA? UM UM DA

BAN ISTO É ISTO É BAN BAN ISTO

DA? UM UM DA? DA? UM

ISTO É UM BANDA?

2 ISTO É UMBANDA?

UMBANDA DE POSTE

2.1 No muro da linha de trem

Lá ia eu, por volta das 5 horas da tarde, em direção ao terreiro para a "Segunda das Almas", dia de atendimentos com os pretos-velhos e as pretas-velhas. Forçado pela lei de trânsito, o semáforo me fez parar o carro. Distraído — e ao mesmo tempo já meio lerdo devido a toda a preparação que o trabalho mediúnico exige —, olhava para o nada, esperando o sinal ficar verde para mim. Foi quando que me deparei com uma faixa branca com letras pretas garrafais pintada no muro que margeava a linha de trem:

VOVÓ MARIA CONGA

TRABALHOS PARA O AMOR E AMARRAÇÕES

☎ 0000-0000

Além do telefone e do WhatsApp, cartas de baralho e coraçõezinhos circundavam o letreiro. Todo o meu alheamento, como um raio, se converteu em reflexões sobre o que meus olhos viam.

Como assim?! Aquela Maria Conga seria uma preta-velha como as que baixam em nossas casas, tendas e terreiros? E se fosse, ela havia autorizado aquilo?

Tantas voltas deram os pensamentos em minha cabeça que acabei me assustando com a buzina do carro de trás, que me alertava que o fluxo de carros deveria prosseguir. Mesmo depois de arrancar com o carro, não parava de pensar naquela frase. Era imensa a minha vontade de pintar logo abaixo do letreiro algo como "ISTO É UMBANDA?".

2.2 Trabalhos de amarração

Um dos alertas que mais ouvi e li sobre a Umbanda é que ela não faz trabalhos de amarração, uma vez que mexer com energias que podem interferir no livre-arbítrio ou no carma das pessoas é extremamente perigoso. Então, como acreditar que um espírito de luz, que tem por missão tranquilizar os aflitos e apaziguar os ânimos, poderia prender alguém em uma relação amorosa? E mais, a divulgação do trabalho espiritual de forma tão direta e sem rodeios, fazendo promessas de uso de mandingas para conseguir algo é uma orientação espiritual?

Vejo, com desgosto, crescer o número de "umbandas de poste". Diversos cartazes colados e pregados ao longo das ruas, oferecendo magia para determinados fins — nem sempre lícitos. O mais sério de tudo é o impacto dessas divulgações, principalmente quando atingem um público conturbado ou em desespero. Aqueles que atendem tais chamados estão, certamente, em condições emocionais críticas e, muito provavelmente, desconhecem os princípios da religião.

Usa-se o nome "Umbanda" para o que Umbanda não é!

Ao longo da história das sociedades, sempre existiram — e tristemente continuarão a existir — os charlatões e ludibriadores que se aproveitam das conturbações alheias para tirar proveito das circunstâncias. Portanto, antes de nos aventurarmos na tarefa de tentar resolver problemas — principalmente os que limitam o raciocínio e a lógica —, devemos nos munir de informações corretas por meio de veículos e pessoas confiáveis.

2.3 Uma conversa entre amigos

Em meio às elucidações a respeito dos "pretos-velhos de postes", permitam-me um relato verídico de uma experiência recente.

Uma amiga, que professa a fé através de uma religião protestante, estava com algumas dúvidas que incutiram — maldosamente — em sua cabeça. Antes de se entregar às conjecturas e demonizar a Umbanda, ela preferiu se certificar sobre as informações que lhe impuseram e que lhe causavam medo. Então, ela me procurou para uma longa conversa que se iniciou de forma objetiva e sem rodeios:

— A Umbanda faz o mal? — perguntou minha amiga.

— Nunca! — respondi.

— E se alguém for lá pedir?

— Se a casa for mesmo de Umbanda, e isto pressupõe a seriedade do dirigente e a doutrina das entidades, o correto é que a pessoa que busca algo ilícito ou que deseja prejudicar o outro receba o esclarecimento de que ali ninguém... nem no plano físico e muito menos no espiritual... faz aquilo.

— Mas me disseram que uma mulher fez macumba para pegar meu marido para ela.

— Historicamente, as religiões que possuem matrizes africanas carregam nas costas a conta de muitas coisas. Aliada ao preconceito, a desinformação é um mal da humanidade. Fizeram macumba? Quem? Onde? Como? Rapidamente dão o crédito à Umbanda de coisas que ela não faz, fala ou pratica.

Existe maldade? Claro! Existem os que, por qualquer quantia, são capazes de fazer magia e trabalhos? Óbvio! Mas, reafirmo, na Umbanda de verdade, alicerçada nos princípios do amor ao próximo e na caridade, não há práticas assim.

2.4 Não temos entidades nos postes

Fazendo uma síntese deste importante bate-papo, dei resposta às perguntas que me vieram à cabeça diante do mural que oferecia os préstimos da "preta-velha".

Creio, firmemente, e não me cansarei de dizer, que é nosso dever como umbandistas termos nítidos os princípios que norteiam a religião e estarmos prontos para, com argumentos lúcidos, podermos rebater as críticas que sofremos. Não podemos nos esquecer de que a intolerância tem em suas raízes o fenômeno do estranhamento e do desconhecimento, e a forma mais adequada para combatê-la é fornecendo aos interlocutores um material sério, fundamentado e comprovado sobre o que alicerça a religião. Foi-se o tempo da falácia de que as práticas religiosas de matrizes africanas e indígenas pertenciam a comunidades sem estudos formais ou desprovidas de reflexões. Se antes já não era uma verdade plena, hoje em dia, muito menos. Todas as trevas da ignorância desaparecem quando a luz do conhecimento surge. Desnecessário dizer que seguramos as tochas que hão de levar claridade diante da escuridão do preconceito e da torpeza.

Sobre a nossa responsabilidade em sermos os portadores dos argumentos capazes de combater as falsas impressões e ideias do que vem a ser a Umbanda, ao longo dos próximos contos retomarei alguns temas, principalmente os que possam vir a envolver a postura de dirigentes de casas umbandistas e de seus adeptos praticantes.

Todavia, não posso me furtar a terminar este capítulo dizendo que as pinturas nos muros e os papéis colados nos postes oferecendo os "Zés Pelintras", as "Marias Padilhas" ou as "Vovós Cambindas" como entidades da Umbanda, até onde acredito saber, não fazem parte da Umbanda que conheço e que pratico.

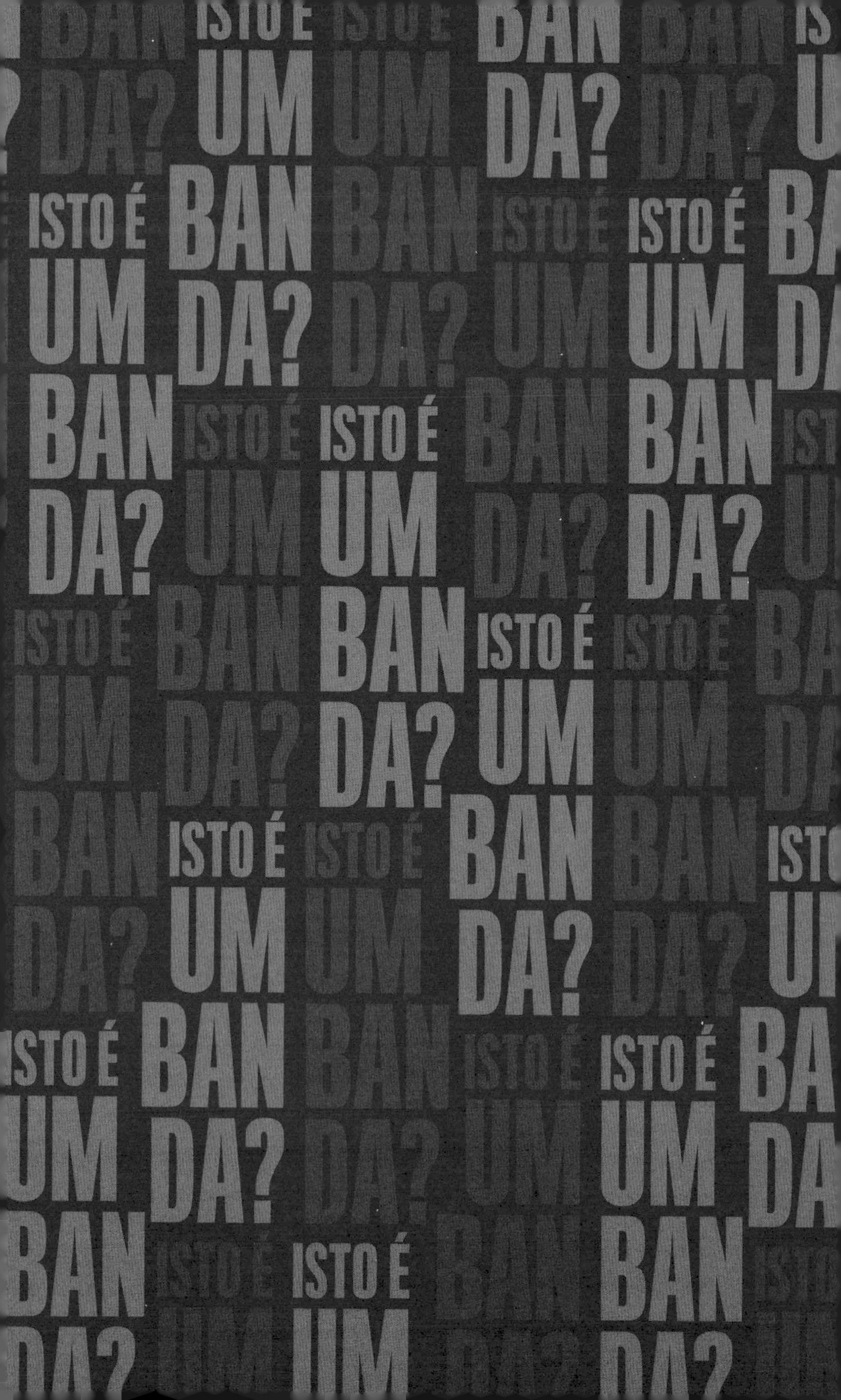
ISTO É
UM
BAN
DA?

ISTO É UMBANDA?

3

A UMBANDA COBRADA

3.1 Quanto custa a consulta?

Não sei bem se o silêncio da antessala do terreiro era devido ao "ar" de sacralidade que toda casa de cunho espiritualista deve ter ou se era resultado da apreensão que cada consulente trazia consigo.

O local era muito claro e *clean*. Algumas imagens de santos católicos em pequenos altares espalhados pelo ambiente, bancos de madeira ordenadamente dispostos e ventiladores de teto para minimizar o calor.

Não me fugiu à atenção alguns quadros com frases e avisos no ambiente. Como pouco conhecia as pessoas, dediquei-me a ler as mensagens espalhadas pelo terreiro. Horários dos atendimentos e as respectivas entidades, ensinamentos espíritas, indicação de outros locais, como cantina e banheiros, procedimentos e posturas para estar na casa e outros avisos. De todos os quadrinhos pendurados, o que mais me fez pensar foi o que dizia o seguinte:

CONSULTA:

R$ 35,00

A pergunta que não queria calar após ter visto o valor estipulado era "ISTO É UMBANDA?".

3.2 Princípios norteadores

Desde muito cedo, quando começamos a enveredar pela Umbanda, aprendemos seus princípios básicos. Talvez o mais propagado seja o da caridade. Revisitemos um grande aforismo granjeado nas mentes dos adeptos e frequentadores de terreiros umbandistas para começar a discorrer sobre o episódio que abre este capítulo.

No dia 16 de novembro de 1908, o Caboclo das Sete Encruzilhadas, manifestado em seu médium, Zélio Fernandino de Moraes, foi bastante categórico ao revelar o nome da religião que anunciava:[1] "Umbanda é a manifestação do espírito para a caridade". Naquele mesmo dia, a entidade estabeleceu algumas regras para o funcionamento das sessões, que tinham como base atender pessoas humildes e necessitadas de forma gratuita, sem desmerecer nenhum traço distintivo de cor, condição social ou instrução.

A partir daquela orientação, muitas foram as citações para tentar minimizar o preconceito que sofremos desde antes do reconhecimento da Umbanda como religião. Remeto-me às primeiras expressões de culto aos orixás em território brasileiro, na época da escravidão, uma vez que daquele tempo ainda amargamos a incompreensão do que somos. Quem nunca ouviu "A Umbanda é paz, amor e caridade" ou "Nesta casa se pratica a caridade"?

Poderia trazer uma infinidade de frases que contêm a caridade como mote. Entretanto, mais do que relembrar ditos ou conceitos, cabe-me apresentar alguns pontos essenciais que nos auxiliarão no entendimento do que fui motivado a dizer e a questionar com base na plaquinha pendurada na parede do terreiro.

A primeira reflexão que quero deixar aqui diz respeito à compreensão do que é caridade. Tive a oportunidade de, em um de meus textos publicados, trazer à tona uma visão particular do termo "caridade" — que pasmem, incomoda-

---

[1] Não entrarei no mérito de algumas teses que discutem a data de fundação da Umbanda. Para isso, há diversos autores que apresentam seus argumentos e confrontam fatos e histórias.

A Umbanda cobrada

va-me muito. Na introdução do livro *Aruanda: a morada dos orixás* (2017), afirmo:

> A questão, desde muito cedo na minha jornada espiritual, sempre foi clara: não prestamos caridade e sim auxiliamo-nos. Tanto aquele que se disponibiliza como médium, como os que vão aos terreiros buscar ajuda. (SOARES FILHO, 2017, p. 19)

Ainda na mesma parte do texto, buscava esclarecer que:

> "caridade" soa aos meus ouvidos (e gostaria de dizer que tal explicação é absolutamente de cunho pessoal e que me perdoem os que não concordam com essa visão) como uma relação desigual, onde há aquele que doa — por estar em condição superior — e o outro que recebe — por ser mais "carente". (SOARES FILHO, 2017, p. 19)

Em hipótese alguma, estou sugerindo que não seja a caridade um dos pilares fundamentais da religião. O que desejo com essas ponderações é fazer com que pensemos muito bem em tudo o que ouvimos e aprendemos com nossos pais e mães de santo e entidades de luz que se apresentam nas giras dos terreiros.

1. Por que praticamos a caridade?
2. O que acreditamos ser caridade?

3. Somos caritativos somente quando incorporados ou quando estamos vestidos de branco?
4. Somos caridosos, atenciosos e fraternais de forma indistinta ou somente com quem amamos?

Atrelo a esse emaranhado de perguntas e posicionamentos sobre caridade — muitos deles pessoais —, a seguinte noção bíblica oriunda da influência cristã de nossa religião: "de graça recebestes, de graça dai" (Mateus 10,8). Isso corrobora para que a maioria das pessoas diga que não se pode cobrar o "dom recebido de Deus".

Por isso, ao unirmos a caridade à gratuidade, criamos questionamentos que geram críticas e interpretações equivocadas sobre certas práticas umbandistas. Também não é novidade ouvirmos sentenças como: "Terreiro sério é aquele que não cobra pelos trabalhos" ou, ainda, "Aquele pai de santo cobra uma fortuna para fazer um trabalho", e por aí vai...

3.3 Quem paga as contas?

Pois bem, nem tanto ao mar nem tanto à terra. Somos — e devemos sempre ser — ponderados e racionais para que não caiamos nem de um lado do abismo nem do outro. O que queremos dizer com isso? Simples: a mediunidade é um dom dado por Deus Pai e sempre deve estar a serviço da espiritualidade para auxiliar os que buscam socorro, sejam encarnados ou que já tenham passado para o outro lado da vida. Porém, não podemos fugir à realidade que vivemos. Por um lado, nós, médiuns, não devemos usar nossas capacidades extrassensoriais para melhorar nossas condições socioeconômicas. Não vendemos atendimentos! Não temos como profissão a mediunidade e acreditamos, piamente, em outra máxima bíblica que diz: "Com o suor do teu rosto comerás o teu pão" (Gênesis 3,19). Entretanto, por outro lado, cada irmão que lê estas páginas e que pertence a uma comunidade umbandista há de concordar comigo em alguns quesitos. Sabemos o quanto custa manter um terreiro, quer seja pelo lado das contas de consumo (gás, luz, telefone, impostos etc.), quer seja pelas despesas que envolvem os rituais das sessões, os atendimentos ou os dias festivos.

Se não se deve cobrar, também não podemos deixar de honrar com os compromissos que envolvem pagamentos e compras. Quem paga? O dono ou a dona do terreiro? O corpo mediúnico? Os associados? O caminho do meio deve sempre nortear nossas atitudes. Não é justo que uma mãe de santo arque com todas as dívidas relativas ao funcionamento da casa. Não podemos exigir dos médiuns quantias que estejam fora de seu alcance. Tampouco podemos estabelecer pagamentos pelas consultas de quem vai ao terreiro buscar ajuda.

Tudo isto é certo e verdadeiro, mas nada impede de mostrarmos à comunidade que acorre aos centros a realidade dos acontecimentos. Sugestões de colaboração, campanhas, demonstrações financeiras e tantas outras ações podem (e devem) ser levadas adiante. Se conduzidas com lisura e limpidez, em nada comprometem a integridade de uma instituição.

No episódio descrito, não podemos afirmar que aquela casa é mercenária ou que desconhece os conceitos ligados à caridade. Faz-se quase que a descrição de uma fotografia, algo estático, uma cena pontual que não envolve todo o lastro histórico daquele terreiro. Pode ser, inclusive, que o dirigente da casa, bem como as entidades que ali trabalham, comunguem dos mesmos princípios que aqui expomos. Contudo, vale lembrar que ao tratarmos com o público, devemos ter em mente que algumas diretrizes devem estar nítidas para que não pairem dúvidas ou restem ambiguidades nos princípios básicos da instituição.

Imaginemos o caso de uma pessoa que está indo àquele terreiro pela primeira vez, que não conhece toda a história dali e que se depara com o cartaz de cobrança. Antes que ela possa formular — ainda que mentalmente — a frase: "Ué?! Aqui se cobra?", o ideal é antecipar as informações e não deixar sombra de dúvidas sobre a organização.

Como diz o ditado popular, "não basta a mulher de César ser honesta, tem que parecer ser honesta". Ou seja, qualquer coisa que possa suscitar questionamento deve ser esclarecida e colocada de forma pública, já que muitos têm o costume — o mau costume, claro — de primeiro falar mal e depois perguntar. Esta não é uma crítica, mas uma constatação!

Somente como um adendo, por experiência vivida, há casas que solicitam a ajuda de consulentes, fazendo questão de pontuar que eles não estão pagando pela consulta, mas sim auxiliando o terreiro para que ele permaneça aberto, em boas condições de receber os irmãos, e para que todos os que cheguem ao templo sejam atendidos independentemente de poderem ou não colaborar com uma quantia monetária, velas, charutos ou algo que ajude nos rituais.

Espero que este capítulo colabore de duas formas com nossa prática religiosa: ficarmos atentos para que, antes de lançarmos farpas, procuremos conhecer todos os aspectos relacionados às nossas dúvidas; e, em um segundo momento, nos lembrarmos do que a Umbanda espera de nós: fazer o bem de forma voluntária, honesta e sincera, sem olhar a quem.

Outro raciocínio de uma irmã de fé, neste mesmo viés, explica-nos o valor formador das ações umbandistas. Em síntese, comungo do mesmo sentido das palavras de Fernanda Ribeiro quando ela afirma que:

> este é o compromisso que as entidades esperam de seus filhos: primeiro, que sejam eles mesmos; segundo, que procurem ser éticos, ou seja, que orientem suas ações a partir de uma sabedoria interior e não por obrigações externas; e terceiro, que façam o bem para todos e não apenas para si mesmos. (RIBEIRO, 2013, p. 113)

A Umbanda, e todo o mundo espiritual que a conforma, nos quer íntegros e integrais. Eis o nosso lema!

3.4 Um caso para encerrar

Antes mesmo de encerrar a escrita deste livro, surpreendi-me com uma discussão postada por um integrante de um grupo de umas das redes sociais das quais faço parte.

Ao que tudo indica — e pelo tom da pergunta —, a pessoa não era frequentadora de longa data de terreiros de Umbanda. Contudo, esse não é o foco de meu assombro. O mais sério da questão é o teor do relato.

O irmão contava que tinha ido a uma casa umbandista e que ali lhe fora dito que haveria uma gira de ciganos em determinado dia e que o convite para participar da sessão custava x reais. O rapaz, provavelmente munido de algumas informações prévias sobre a religião, ainda arguiu: "Como assim?! Para assistir à gira preciso pagar?". A resposta foi afirmativa, e que aquela era uma das regras da casa.

Depois de contar essa história, o jovem lançou a pergunta para todos os participantes do grupo: "É certo cobrar para ir a uma sessão?".

Não entrarei nos detalhes das respostas, mas creio que cada um dos irmãos que chegou até aqui na leitura é capaz de imaginá-las — e mais ainda, é capaz de dá-las. Porém, terminando o capítulo, indago: caberia outra pergunta diferente daquela que intitula nossa obra? ISTO É UMBANDA?

4 ISTO É UMBANDA?

PENTEANDO O MAR

4.1 Férias na praia

Era janeiro e a família estrangeira estava aproveitando as férias. Alugaram uma casa em uma região praiana com o intuito de desfrutar do sol e do mar do verão brasileiro. Cedo, já colocaram as toalhas e os guarda-sóis para todos. Obviamente, as crianças não estavam preocupadas com esses cuidados. Queriam rolar na areia e brincar na água.

Tudo ia bem até que se ouviu o grito da pequena menina. Os pais se levantaram e correram para ver o que estava acontecendo. Vinha ela, amparada pelo irmão mais velho, pois mancava. Ao procurarem saber o que aconteceu, o menino apresentou aos pais um pente de madeira com dentes bastante pontiagudos e rijos. A menina pisara no objeto que, naturalmente, devia estar enterrado na areia com as pontas para cima, e machucou o pé.

Ainda durante o socorro à menina, outras pessoas, que estavam ali observando a cena, começaram a encontrar outras coisas que a maré estava trazendo, tais como espelhos e alguns cacos de vidro de tom esverdeado.

A questão era explicar para o casal estrangeiro que, principalmente no mês de janeiro, era possível encontrar aqueles tipos de resíduos devido às festividades da noite de Ano-Novo. As homenagens ao orixá Iemanjá consistiam em colocar barquinhos de madeira com presentes para a "rainha do mar".

A pergunta do pai da menina que se machucou foi:

— Mas essa prática religiosa não tem uma preocupação ambiental?

Silêncio...

Associada à pergunta do senhor estrangeiro, outra rondava a minha cabeça: "nos dias atuais, ISTO É UMBANDA?".

4.2 Responsabilidade dos umbandistas

Tenho a certeza de que o assunto aqui abordado é delicado e pode suscitar algumas ideias contrárias, mas creio que não podemos, diante de tantas mudanças no mundo, deixar de pensar um pouco sobre práticas e rituais.

Alerto, de antemão, que não estou propondo mudanças em nossos princípios, tampouco o capítulo tem por finalidade criticar quem quer que seja. Entretanto, atualmente, com algumas informações advindas de pesquisas e estudos, não podemos nos furtar a rever práticas antigas e reavaliá-las. Ao analisar questões históricas, devemos verificar se o que fazemos é fruto de tradições, se é um hábito ou se seria uma necessidade. São três aspectos bem diferentes que veremos mais adiante.

Retomando o argumento das pesquisas. Se nos detivermos um tempo na rede mundial de computadores, veremos diversas instituições que investem em pesquisas sobre o tempo que determinados materiais levam para se decompor na terra e na água. Como a essência desta obra não é discutir o assunto com profundidade, mas servir como alerta, apresentarei um exemplo com os resultados obtidos em laboratório. Em outras instituições de pesquisa, os dados não variam muito.

Penteando o mar

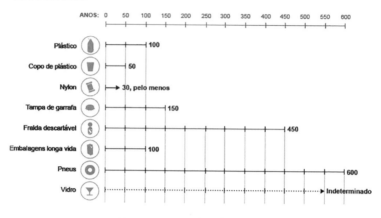

Fonte: Instituto Ikatu (G1, 2012)

4.3 Reflexões como umbandistas

Considerando-se os resultados apresentados, podemos ampliar a questão por meio de algumas perguntas, tais como:

1. O que entendemos por nossa responsabilidade como seres humanos, habitantes do planeta Terra?
2. Qual é a concepção que temos do orixá Iemanjá?
3. Qual é o sentido das oferendas que fazemos aos nossos orixás e às nossas entidades de trabalho?

Não discorrerei sobre o histórico das oferendas nas religiões que têm influência das matrizes africanas, tampouco direi que são corretas ou absurdas. O que quero trazer à luz da compreensão é: em que se baseia o que fazemos nos rituais que possuem oferendas?

Muitas vezes — provavelmente por sermos uma religião cujos preceitos e fundamentos se propagam através da oralidade —, perdemos, no tempo e na memória, alguns registros que elucidam determinadas práticas. Na tentativa de deixar mais nítida a minha intenção neste capítulo, formulo algumas perguntas que costuram minha visão com relação às oferendas.

1. Quando fazemos oferendas aos orixás ou às entidades, o que elas representam?
2. As práticas são passadas de geração a geração com quais explicações?
3. Nos sentidos espiritual e material, o que acontece com objetos, comidas, flores e outros itens quando deixados na natureza?

As perguntas me levam a algumas conclusões particulares: Iemanjá precisa de um espelho colocado em um barquinho que afundará? Na mata, deixar que velas queimem e que garrafas de vidro permaneçam ali é o agrado mais adequado para as entidades homenageadas? Fazemos isso por quê? É uma exigência do orixá? É uma prática tão antiga que nem se questiona no terreiro? Há uma explicação que remeta aos cultos africanos de antigas eras?

Antes de prosseguir, quero refletir sobre a última indagação. Um argumento para uma possível resposta de que tais oferendas têm como base os cultos da ancestralidade ronda a minha mente. Pois bem, se essa é a alegação, eu me pergunto: de que ancestralidade estamos falando? Ao que tudo indica — e se fosse isso mesmo a realidade do ofertório aos deuses e entidades —, parece-me que em outros tempos tão remotos não havia garrafas de vidro, papel-alumínio ou objetos não degradáveis. Assim, esses pressupostos caem por terra!

Continuemos com o raciocínio. Em razão de nossa negligência com relação à preservação do planeta, temos afrontado a natureza com depredações, desgastes e desequilíbrios. Frente a esta dura realidade — obra de nossas mãos —, será que ainda nos cabe realizar muitos de nossos rituais da mesma forma que antes? Se nossa consciência ecológica é diferente hoje, é prudente seguir com tudo da mesma forma de sempre?

Para ratificar o que trouxe até aqui, ponderando sobre a responsabilidade dos professantes das religiões de matrizes africanas com o meio ambiente, creio ser suficiente pedir para que cada um, dentro de sua realidade, lembre-se de como a cada dia se torna mais difícil encontrar uma bela cachoeira para louvar Mamãe Oxum; que veja com que raridade se consegue ter um local de mata onde seja possível fazer uma reverência aos caboclos e a toda a Linha de Oxóssi... e tantos outros exemplos teríamos para trazer, não é mesmo?

4.4 Tradição, hábito ou necessidade?

Parece-me conveniente repetir que não estou aqui propagando práticas revolucionárias em nossa religião. Gostaria que refletíssemos se tudo o que permanece sendo executado de modo antiquado é uma questão de **tradição**, um **hábito** ou, realmente, é uma **necessidade**.

Para que fiquem claros, os três itens a que me refiro merecem algum tipo de definição, que darei a partir de uma concepção minha. Toda prática religiosa tem suas liturgias, crenças, histórias e formas de manutenção e preservação. Tais bases fazem uma religião caminhar e se sustentar. Vejamos como isso pode se dar no caso da Umbanda.

1. Somos uma religião que não possui um "poder central irradiador de dogmas". Por esta razão, não possuímos um livro sagrado único, como muitas outras doutrinas religiosas como o Catolicismo, o Hinduísmo, o Islamismo etc.;

2. Temos um lastro muito grande a partir da transmissão oral das histórias que formam a religião;

3. Nossas práticas repousam sobre diferentes matrizes. Para nos referirmos às mais notadas:
    - recebemos influências africanas: os orixás e muitos vocábulos bantos e iorubás que usamos no cotidiano da religião, nos pontos-cantados e em referência a determinados rituais;

- reconhecemos ideias e conceitos europeus: os santos católicos e as suas datas festivas, muitas orações etc.;
- agregamos influências indígenas: o conhecimento e o uso de ervas, folhas, frutos, o poder das pedras, entre outras; e
- possuímos características advindas do Oriente: os conhecimentos medicinais, o controle dos pensamentos, a magia e os encantamentos.

4. Por questões históricas e devido às dimensões continentais de nosso país, temos uma diversidade regional enorme — fala, vestimentas, pensamentos, concepções — e, dentro de nosso multiculturalismo, a relação com o sagrado também se dá de formas distintas. Assim, as práticas religiosas que carecem de um documento normatizador, como é o caso da Umbanda, do Candomblé e do Catimbó, também foram — pelas distâncias temporais e físicas — ganhando condutas diferentes e, por conseguinte, modos de expressão diferenciados.

Como vimos até aqui, ter um único viés para apresentar a religião tornou-se quase impossível. O resultado é uma variedade tão rica de possibilidades que devemos pensar melhor antes de dizermos que uma maneira de postular a Umbanda está certa em detrimento de outra. Somos UMA Umbanda, mas de modos tão diferentes quão diferente é o Brasil.

Imagino que possam estar se perguntando: como as questões acima se inserem na definição dos conceitos de **tradição, hábito** ou **necessidade?** Tomando como referências todas as explanações descritas, veremos como podemos construir as ideias da tríade mencionada.

- A **tradição** é responsável pela transmissão de saberes através do tempo. Por meio da repetição de atos e gestos, consagram-se as tradições, que equivalem a tudo o que carrega em si a história social ou cultural de uma comunidade. Ela é a aceitação do que é entregue de uma geração a outra. É a consagração dos atos e crenças do ontem na continuidade do hoje. Assim, muito do conhecimento que temos hoje sobre a Umbanda devemos a nossos antecessores que nos contaram histórias vividas e demonstraram, com suas práticas, o que aprenderam com aqueles que os antecederam.
- **Hábito**, por definição, é o modo de atuar ou comportar-se de forma frequente e regular. Significa uma ação repetida e, muitas vezes, automática, oriunda da imitação do comportamento de outros. A diferença entre a tradição e o hábito é que este é automático, jamais questionado, apenas repetido. Transforma o que conhecemos em um costume. A tradição, por sua vez, trata da transmissão de valores consagrados herdados e distinguem os traços identitários de uma comunidade.

– A **necessidade**, no tema específico da Umbanda e de seus rituais, compreende determinadas ordens e imposições que fogem ao entendimento do mundo físico, e são orientadas pelos espíritos de luz que trabalham nos terreiros. De forma bem objetiva, podemos resumi-la em uma frase: "Deve ser feito assim porque desencadeará um processo energético para resolução de um problema". Não há questionamento.

Dadas as três definições, como podemos compreender a questão central do texto, que é refletir sobre nossas práticas religiosas?

Quando pertencemos ao corpo mediúnico de um terreiro, tudo o que aprendemos e que praticamos tem uma explicação e um fundamento. Tais ações têm como base um desses três aspectos descritos: são tradições da casa (sem tradição, não há preservação) ou fazem porque sempre fizeram (sem questionarmos, não vemos motivos e não há explicações fundamentadas; se faz porque sempre se fez assim) ou é uma ordem dada por uma entidade que trabalha no terreiro (que, algumas vezes, ainda que se trate de uma forma inédita de ação, contém uma explicação de sua motivação).

Desse modo, não há nenhum desrespeito em refletir sobre o que fazemos e por que fazemos. Basta verificar se estamos lidando com tradições, hábitos ou necessidades.

4.5 Repensando práticas

Quem, mais esclarecido que nós, poderia responder às nossas inquirições que não as entidades de luz que baixam em nossos terreiros? Não caberia perguntar a elas, em uma conversa sem ofensas, respeitosa, amorosa e filial, sobre o que se faz no terreiro?

Não se trata de deixarmos de realizar as oferendas. Não proponho suspender os ebós, que muito nos auxiliam na mudança vibratória das situações. Não deixaremos que se percam as tradições e a magia que envolvem as religiões. Nada disso está sendo postulado. Sejamos lúcidos, longe da emoção que cega, e pensemos um pouco mais no pé da menina que se feriu com a ponta do pente naquela praia. Esta é a proposta!

Se, pelo menos, pensarmos um pouco, certamente, seremos, com todas as letras, fiéis àquilo que nossos amados pais e mães orixás esperam de nós: ficaremos cada dia mais integrados à natureza da qual somos parte e de que, por alguns motivos que aqui não me cabe enumerar, acabamos nos afastando.

No final das contas, essa perfeita comunhão entre o homem e tudo o que o cerca é a síntese do elo do paraíso perdido — o Éden — que tanto almejamos.

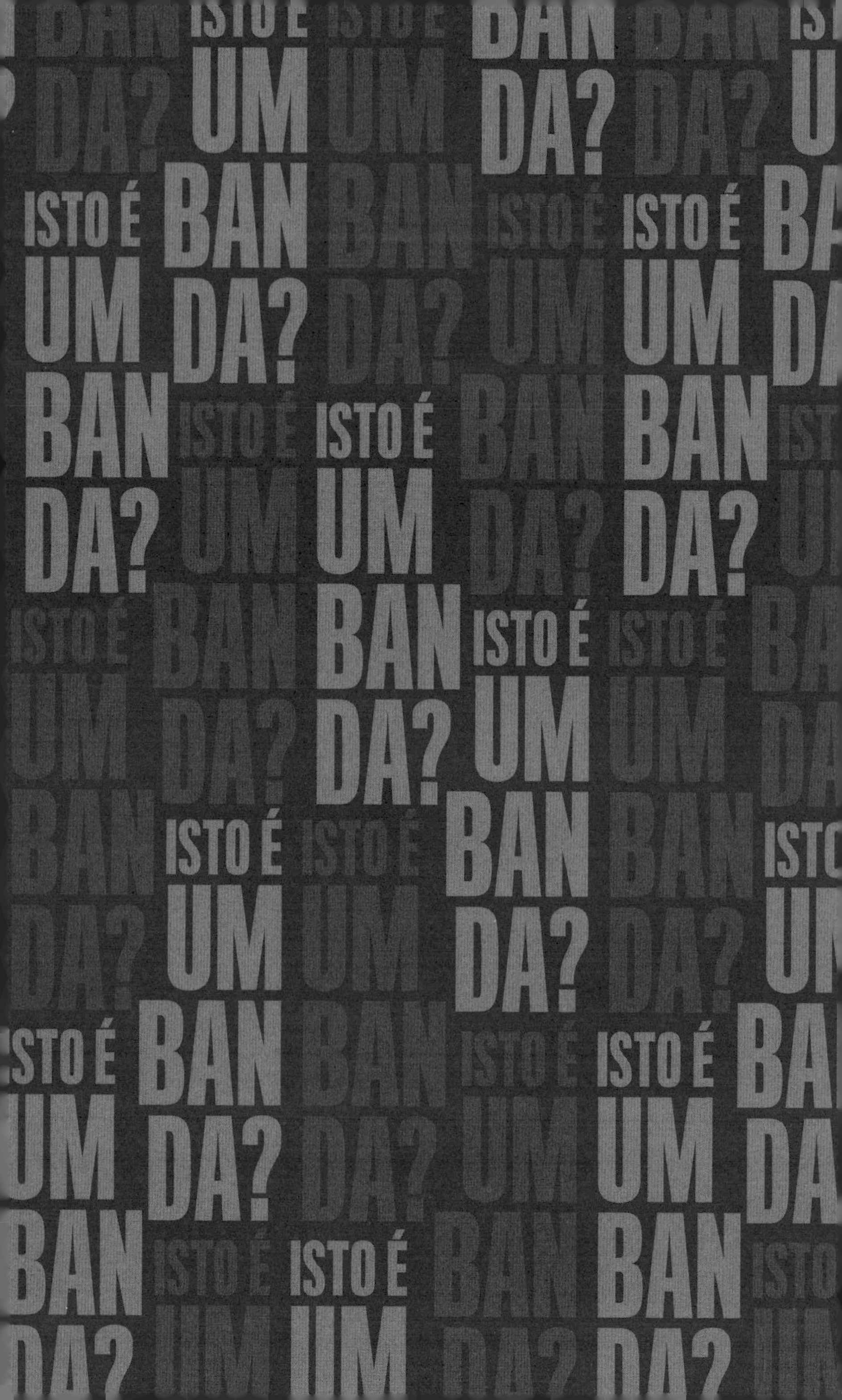
ISTO É
UM
BAN
DA?

ISTO É UMBANDA?

5

PAI DE SANTO EAD

5.1 Diplomado

Sábado, uma pequena porta aberta em um local que, provavelmente, antes era um galpão ou depósito, algumas pessoas na entrada. Na fachada, uma placa com um ponto-riscado entre flechas, estrelas e um círculo anunciava: *Centro Caboclo Fulano de Tal.*

Com respeito e reverenciando o local, entrei, busquei assento e, em silêncio, permaneci. Um gongá nos fundos do salão tinha a parede por detrás pintada com as cores do arco-íris e, em cada faixa de cor, alguns objetos e velas acesas.

No início da sessão, a preleção do dirigente — um rapaz que não parecia ter chegado aos trinta anos — falava de sua recém-ordenação como sacerdote. Foi então que, de forma mais atenta, comecei a observar o entorno do espaço. Percebi dois quadros pendurados e fixei minha visão neles para entender do que se tratavam. Vi dois diplomas, um que constatava a conclusão de um curso e outro que outorgava o título de sacerdote ao rapaz.

Ainda que fosse uma visão pontual, pois um instante não conta toda uma história, correndo o risco de julgar a parcialidade das informações, distraí-me e comecei a me perguntar como anda a formação de um pai de santo na atualidade. O que temos feito com todo o processo do lastro do tempo, da experiência e da vivência em um terreiro frente a uma grande quantidade de "cursos umbandistas" para toda a categoria de sensitivo. Temos noção exata do que é zelador, sacerdote, pai e mãe de santo? Não poderia fugir à inquisição: tornar-se sacerdote depois de fazer um curso — seja ele de um, dois ou três anos —, ISTO É UMBANDA?

5.2 Geração de recursos

Novamente, a frágil e vulnerável temática pode suscitar críticas, mas não tomem as pedras nas mãos antes de acompanhar meu raciocínio. Não estou crucificando nenhuma ação por parte de certos segmentos religiosos que apresentam, pelas diversas mídias, seus cursos (pagos ou não), muito menos estou execrando as "escolas de médiuns" que vejo em anúncios.

Tal como o tema sobre a cobrança de consulta de entidades em uma casa, a questão dos cursos encontra, mais ou menos, os mesmos argumentos no que tange às necessidades de manutenção do templo.

As campanhas objetivas para a pintura da casa, a aquisição de algum bem, as reformas, a reposição de objetos, entre outras, são formas honestas e reais de prosseguirmos com o funcionamento de uma instituição. A maioria dos terreiros de Umbanda, assim como outras casas espiritualistas, não recebe qualquer tipo de subvenção governamental. Sobrevivemos do que conseguimos arrecadar das paredes para dentro. Dessa forma, é lícito utilizar de nossos recursos humanos e de nosso empenho para conseguirmos nos manter.

Vejo, por esse viés, que os empreendimentos idôneos e transparentes são válidos e, mais que isso, necessários. Prova de minha opinião está em um exemplo claro de campanhas que fiz, há alguns anos, para ajudar a instituição religiosa a que estava vinculado à época. Com recursos angariados de duas ações sociais entre amigos, lancei dois livros que tinham por objetivo arrecadar numerário para a casa. Toda a renda da venda dos livros, em duas noites de autógrafos, foi revertida para a instituição.

Pai de santo EaD

Tais ações — repito: honestas e íntegras — não podem perder lugar para "cautelas" e "respeito às tradições religiosas".

5.3 Formação sacerdotal na Umbanda

Quantas vezes criticamos outras crenças que apresentam, sem cuidado e em quantidade, sacerdotes e chefes de templos sem as menores condições éticas e de conhecimento? Vemos discursos que iludem fiéis e alocuções que atingem a carência dos que buscam, por desespero, o conforto e a solução dos problemas. São aproveitadores inescrupulosos os que tomam a palavra de Deus para angariar benefícios para si próprios. Concordamos com tudo isso que vemos surgir a cada dia, não é mesmo?

A grande verdade é que, externamente, nossa percepção é límpida e nossa crítica é severa. O maior problema está em olharmos com a mesma isenção para dentro de nossas casas. Aí reside a dificuldade! Geralmente, conseguimos perceber nitidamente que os novos pastores dos rebanhos perdidos não têm a menor condição de ocupar aquela posição, pois sabemos que a formação de líderes espirituais inclui — além de informações, leituras, estudos e avaliações — um quesito importante: o tempo de envolvimento no aprendizado e nas experiências.

O cenário aqui descrito leva-me a um questionamento: e na Umbanda? Como estamos tratando o caso da formação de sacerdotes? O que faz um médium passar a ter a missão de ser pai de santo? E mais: como isso se dá?

Não podemos nos furtar a reconhecer o papel que toda a tecnologia e que todo o mundo cibernético tem. Não estamos mais isolados das informações, e o conhecimento está além das prateleiras das bibliotecas físicas. A rapidez dos dados e a imediatez das notícias nos fazem repensar o modo pelo qual nos relacionamos. Se, por um lado, há uma infinidade de vantagens com o advento da internet, não devemos perder de vista também o perigo e os problemas que se escondem por detrás das telas anônimas ou não regulamentadas.

O fenômeno do crescimento do acesso às informações trouxe consigo a necessidade de se tomar cuidado durante o uso das ferramentas virtuais. Prova disso está nas discussões sobre a necessidade de legislação e de critérios de divulgação daquilo que é veiculado para salvaguardar não só os conteúdos como também as pessoas de um modo geral.

Com as religiões não é diferente. Não é difícil encontrar toda sorte de assuntos ligados a elas. O problema está no grau de confiabilidade que as informações e as opiniões compartilhadas têm. Existem páginas *web* importantes e esclarecedoras, que auxiliam muito as pesquisas, sanam dúvidas e ampliam questões. Entretanto, não é raro encontrarmos informações capengas, quando não equivocadas, sobre determinado tópico.

A partir dessa realidade, pensemos um pouco. Houve, desde o final dos anos 1990, um crescimento dos cursos virtuais. As web-aulas viraram febre. Se o objetivo filosófico era levar a mais pessoas o conhecimento e aproximar aqueles que tinham dificuldades de participar das convivências acadêmicas, sabemos, também, que, tacitamente, os investimentos na ampliação destes recursos cresceram apenas com fins lucrativos.

Surgiram, assim, muitos cursos sobre Umbanda. Diversos vídeos com temas sobre a religião apareceram e, com eles, embates e debates. Algumas correntes se opuseram, outras retrucaram. A profusão de material e a facilidade de acesso criaram alguns entraves que merecem ser reavaliados.

Não posso mostrar-me contrário ao que o mundo atual nos aponta como realidade. Mesmo porque, por mais de vinte anos como professor, fui conteudista de plataformas de ensino à distância. Não podemos tapar o sol com a peneira! O que proponho aqui como reflexão é: as tradições podem ser mantidas sem o lastro da experiência do dia a dia, sem a convivência com os irmãos, sem o aprendizado com os problemas rotineiros e suas soluções? Todas essas questões são praticamente inexistentes nas interações virtuais.

No que diz respeito aos cursos à distância, podemos constatar que são ferramentas úteis para a informação — guardados os devidos cuidados com a confiabilidade do conteúdo —, mas não se prestam à formação, que engloba a vivência prática. Creio que nenhum curso daria conta da "vida de terreiro" a ponto de outorgar o título de sacerdote a um médium. Em uma comparação bastante genérica — para que fique clara a ideia aqui contida — seria o mesmo que realizar um curso EaD para a formação de um padre católico. Pensemos: uma pessoa pode se tornar responsável pela orientação espiritual de outras apenas com a leitura de livros?

Estou exagerando? Gostaria muito de estar, mas, infelizmente, basta navegarmos pela internet para descobrirmos os absurdos postados.

Não se pode atribuir a vilania somente ao computador. Conhecemos histórias de certas denominações religiosas que formam sacerdotes em cursinhos, mesmo presenciais, de um a dois anos, e entregam à sociedade novos pastores com a missão de resgatar as ovelhas perdidas.

Em outras palavras, o cerne desta discussão não se restringe ao uso das ferramentas que a *web* nos oferece. Além delas, a questão é o tempo que não é medido por um currículo fechado, "acadêmico", e sim o tempo da espiritualidade que rege e governa todos nós e que, porventura, não é o mesmo para todos. Cada um traz a sua bagagem, que é engrandecida pela rotina, pela observação dos dirigentes do templo, pelas experiências nas giras e pelos aprendizados com as entidades com quem trabalhamos. Enfim, é o tão propalado "pé no chão do terreiro" de que tanto ouvimos falar. Por mais interessantes que sejam os vídeos e cursos disponíveis na rede mundial de computadores, nunca substituiremos a vivência e a convivência cotidianas.

Pai de santo EaD

6 ISTO É UMBANDA?

EXU E DIABO NÃO SÃO A MESMA COISA

6.1 Hora do testemunho

Um ex-espiritualista no púlpito do templo de sua religião atual falava para os irmãos. Fora convidado a dar um testemunho de como encontrou a nova vida:

— Naquele tempo, fazíamos pacto com o demônio para conseguirmos as coisas que queríamos. Invocávamos o exu para que ele fizesse o trabalho sujo. Bastava dar cachaça para ele, e ele, vindo das profundezas do inferno, arranjava qualquer coisa.

A perplexidade do discurso pode afetar e/ou assustar aqueles que não conhecem as religiões de matrizes africanas. Apesar de se tratar de um texto-chavão usado por algumas pessoas, muitas vezes, com o intuito de macular a imagem de outras religiões, sabemos que é necessário elucidar algumas ideias erradas sobre nossas crenças. Neste capítulo, abordaremos especificamente o tema "associar as entidades da Esquerda — exus e pombagiras — à figura do diabo. ISTO É UMBANDA?

6.2 Quem são os exus?

Costuma-se recomendar que se busque conhecimento antes de se fazer juízo de valor. A sentença é uma verdade que se aplica a quase todos os setores da vida. Assim, convém ouvir o que as pessoas dizem, sobre o assunto que for, mas é apropriado, sensato e justo não se contentar com uma única versão dos fatos e investigar — em fontes confiáveis — se existe o outro lado da mesma moeda.

Por esse motivo, é sempre bom tocarmos no assunto "exu" e desfazer a noção equivocada de que eles são a representação do diabo.

Antes de começarmos a falar mais detidamente sobre quem são as entidades que trabalham na Esquerda da Umbanda,[1] devemos alertar que a figura do diabo — aquele ser de pele vermelha, chifre e rabo — foi criada pelo Cristianismo na Idade Média a fim de, convenientemente, manter seus fiéis pelo medo, assustando-os com tal imagem.

> No início do Cristianismo, vários cristãos acreditavam que o demônio assumia a feição dos gladiadores e leões que os trucidavam nas arenas romanas. Somente no século IV, um concílio na cidade de Toledo descreveu minuciosamente o Diabo como um ser composto por chifres, pele preta ou avermelhada, com rabo e portador de um tridente. (SOUSA, [20--?])

Venda de indulgências e lugares no céu, além de histórias que não podiam ser contestadas nem verificadas povoaram o imaginário dos seguidores das religiões que impunham suas verdades e não admitiam questionamentos. Nesse panorama histórico, surgiu a classificação do bem e do mal de forma bem separada. Aqueles que não queriam perder a alma nas chamas do inferno faziam de tudo para conquistar o paraíso.

Feita essa pequena observação, retomemos o cerne da questão para verificar quem são os exus.

O primeiro passo é entender um pouco mais sobre algumas diferenças do significado de "exu" nas religiões de ma-

---

1   Esquerda e Direita são dois conceitos usados na linguagem umbandista para se referir às entidades que baixam nos terreiros.

trizes africanas. Não podemos confundir Exu, o orixá, cultuado em diversas nações africanas e no Candomblé — uma das religiões com maior influência daquele continente — com exu, a entidade que trabalha na Esquerda da Umbanda.

Na mitologia africana, Exu pertence ao panteão dos deuses da África, tem suas histórias de encontros e desencontros tal qual os demais orixás, como Xangô, Oxum, Iansã etc. Nos ritos candomblecistas, há reverências ao orixá Exu e há a feitura dos filhos de Exu, como se faz com tantas outras divindades africanas.

Já a concepção de exu na Umbanda segue um caminho um tanto quanto distinto. Resguardadas algumas peculiaridades de entendimento — que podem variar de terreiro para terreiro — os exus e as pombagiras são entidades que trabalham na Esquerda, um dos pilares da religião. São reconhecidos como homens e mulheres que tiveram uma ou mais encarnações e que, por vários motivos, tornaram-se espíritos com a missão de ajudar as pessoas na Terra como forma de evolução. De modo abrangente, é um estágio na espiritualidade ligado ao pagamento de dívidas; é uma oportunidade de crescimento por meio do trabalho espiritual.

Uma provável pergunta que pode ter surgido em sua mente é: "Como, então, dizem por aí que exu é o diabo?".

À parte das intenções maldosas e propositais de determinados segmentos religiosos que criaram esse "monstro" com objetivos escusos, certas representações do orixá colaboraram para tal associação. Como algumas características de

Exu estão ligadas ao vigor e à sexualidade, existem imagens do orixá com falos exacerbados, a fim de ratificar suas qualidades, com corpo desnudo e com elementos ligados à terra. Segundo uma visão ocidental, coalhada de preconceitos e tabus, tais idealizações da deidade como um ser sexual acabou se encaixando na imagem que haviam criado do demônio. Combinação infeliz e muito conveniente para os religiosos subjugadores da fé alheia que criaram todo um enredo devastador para desprezar e menosprezar "os povos selvagens das religiões selvagens". Pronto, para os "donos da verdade religiosa" o cenário estava perfeito: eles cultuam o diabo!

Outro aspecto que contribuiu para aliar exu ao demônio está no fato de correr de boca em boca a velha história de que exu faz qualquer coisa, basta que lhe paguem por isso. Seríamos hipócritas em afirmar que não existem pessoas cruéis que, por qualquer motivo, muitas vezes com a finalidade de ganhar dinheiro, são capazes de fazer, desejar ou pensar o mal para outras. Entretanto, também sabemos que isso não é uma exclusividade de uma ou outra religião. O problema se encontra no caráter do homem, e não na fé que ele diz abraçar. Historicamente, diz-se que os exus são agentes, isto é, são como soldados e fazem o que lhes mandam. Daí surgiu o mito de que basta mandar que os exus fazem. A índole dos seres encarnados que pedem é o cerne da questão. Infelizmente, pelos atos de alguns, pagam todos, e ficou mais fácil acreditar que exu é um espírito que faz o mal do que verificar se quem pede o mal é digno de ser chamado de umbandista.

Exu e diabo não são a mesma coisa

Há uma máxima que deve ser cantada aos quatro cantos do mundo: "A Umbanda não faz o mal". E, se ela não pratica atos assim, logo, todo aquele que está ligado à Umbanda não faz nada que venha a prejudicar quem quer que seja. Tal assertiva deveria estar em letras maiúsculas em toda porta de terreiro, ilê, tenda etc.

Então, quem faz? Como dissemos, existem pessoas que, inescrupulosamente, não têm o menor problema em vender a alma à sorte do próprio carma.

Outra forma de sustentar a vinculação de Exu e dos exus ao diabo é por meio das imagens que algumas dessas entidades têm. Não é raro vermos estátuas de exu com a pele vermelha, chifres e um tridente na mão. Para isto, também há explicações coerentes e que justificam esses ícones.

Sabemos que as entidades da Esquerda são aquelas que também têm por missão auxiliar as almas perdidas e que se encontram em planos mais escuros e abissais. Como bem define Erica Jorge, eles trabalham no "mundo sobrenatural, de acordo com algumas escolas umbandistas" e "são emissários da luz para as sombras e das sombras para as trevas" (JORGE, 2015, p. 37). Entrar nesses campos não é tarefa fácil e, certamente, se os espíritos auxiliadores ali pisarem em suas formas de luz, atrairão a atenção dos desesperados e dos que dali não fazem questão de sair. Isso atrapalharia o trabalho de resgate. Um artifício para transitarem sem serem muito percebidos está em plasmarem a aparência que, ao longo dos séculos, instituiu-se como sendo a do diabo. Passam quase anônimos por entre os que sofrem, rangem dentes, choram e se desesperam. A estátua de uma pombagira com capa vermelha, seio à mostra e tridente na mão nada mais é do que uma interpretação de uma história criada ao longo dos séculos e que, de maneira esperta, os exus se valeram para adentrar nos reinos inferiores e realizar as missões de resgate. Já que os homens inventaram esse "bicho feio" e a humanidade foi dando crédito a tal criação, os exus se valem do imaginário coletivo — as almas em agonia ainda carregam os pensamentos que tiveram em vida — e se "fantasiam" para não serem perturbados enquanto executam suas tarefas lá "embaixo".

6.3 Aproveitadores da ignorância alheia

De posse de toda a explicação anterior, fica mais fácil entender por que chamam os exus de diabo.

Não vamos fingir que canalhas que se dizem umbandistas inexistem. Eles se valem de artimanhas para prejudicar pessoas usando o nome dos exus e das pombagiras para atingirem objetivos desprezíveis. Porém, sabemos que os verdadeiros dirigentes de casas umbandistas não permitem tais atos em seus templos, bem como os exus e as pombagiras que baixam nos terreiros não se prestam a esses serviços daninhos, uma vez que conhecem o perigo que é labutar na prática do mal e entendem de sofrimento, já que o sentiram na pele quando encarnados.

Digam o que digam, isso pode ser qualquer coisa, menos Umbanda!

Provavelmente, esses usurpadores da verdade, os falsos espiritualistas, fornecem material suficiente para que outras doutrinas religiosas se apoderem das informações atravessadas que lhes chegam e, com isto, comecem difamar a Umbanda. Aliando o contexto histórico que nos mostra que houve uma intenção premeditada de criar uma imagem que impedisse as pessoas de se libertarem do jugo do poder a dos atos ignóbeis de pessoas que, literalmente, vendem a alma por dinheiro, vimos surgir — e, o que é mais triste, vemos persistir — a ideia de que exu é o diabo.

Por este motivo, comecei as explicações deste capítulo, sugerindo que, antes de julgar, busque conhecer. Repito: somente o conhecimento liberta os homens do da ignorância.

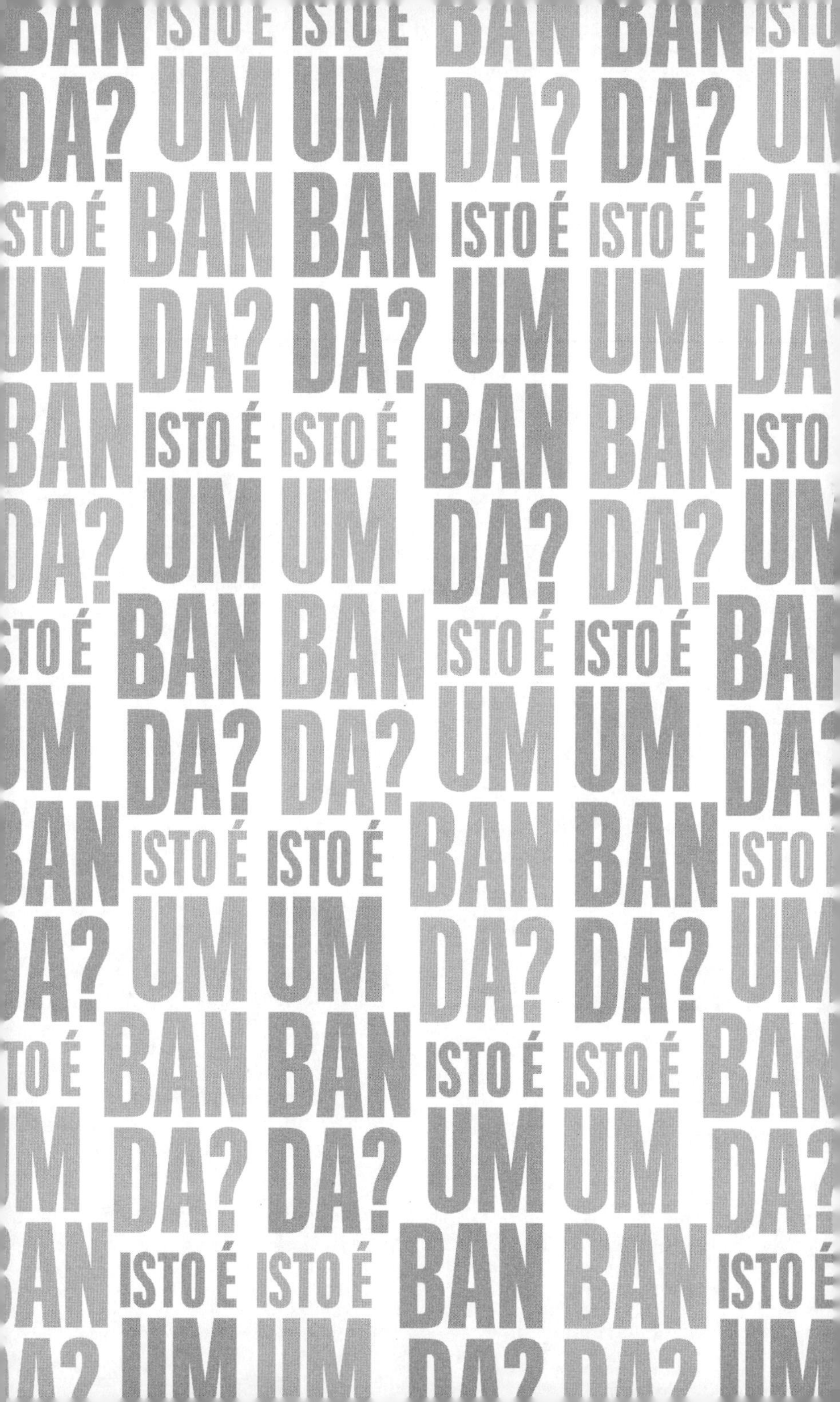
ISTO É
UM
BAN
DA?

ISTO É UM BANDA?

ISTO É UMBANDA?

7

SURRA DE ORIXÁ

7.1 Para entender os motivos do fracasso

Não era possível que a vida andasse para trás tanto assim. Como explicar tamanha confusão em tantos setores (profissional, afetivo, saúde etc.)? A única solução para entender tudo era buscar alguém que lesse sua sorte e lhe apontasse os motivos de tamanha desordem.

Pediu a algumas amigas que lhe indicassem uma boa vidente para tentar resolver tudo de uma só vez. Depois de algumas indicações, pois sempre temos amigas que já foram a uma "vidente maravilhosa", escolheu um telefone, marcou a consulta e, no dia marcado, lá se foi.

Na antessala, esperava ser chamada. À meia-luz, o cheiro do incenso e uma infinidade de objetos pendurados misturavam muitas referências culturais. Havia Ganesha, Santa Sara, filtro dos sonhos — ou seja, uma barafunda mística.

Apresentou-se a cigana, paramentada de ouro, joias e saia multicor, convidando a esperançosa moça para entrar no espaço reservado.

Ambiente muito clichê: mesa redonda, bola de cristal iluminada no centro, cartas para serem embaralhadas. Pelo semblante da consulente, era possível antever que ela estava assustada, muito cansada e triste.

Após os rituais, disse a vidente, enquanto espalhava as cartas sobre a mesa em forma de cruz:

— Hum, pelo que vejo, sua vida está de cabeça para baixo, né? Parece que nada tem dado certo.

Assentindo com a cabeça, a moça esperava o restante da leitura do jogo.

— Olha — mostrando dois valetes —, aqui está o x da questão. Dois orixás estão brigando por sua cabeça. Chamamos isso que está acontecendo com você de surra de orixá. Você tem feito tudo direito para eles? Tem feito algum agrado? Precisa, moça, senão vai continuar assim, apanhando.

Depois da consulta, veio a solução, porque, afinal de contas, a boa vidente vê o problema e oferece a solução: era preciso fazer um trabalho para acalmar os orixás. Era só dar o dinheiro que ela o faria e tudo entraria em ordem.

Sem prosseguir com o desfecho da história, que, neste momento, não importa muito, devemos abrir espaço para algumas ponderações. Orixá bate nos filhos? Qual é a função de um orixá em nossa cabeça, em nossa coroa? Se orixá de cabeça é chamado de pai ou mãe, será mesmo que eles brigam pela paternidade de um ser humano? Por quê?

Todo cuidado é pouco diante de tanto misticismo. Estamos cercados de aproveitadores da dor do outro que, fantasiados de sensitivos, derramam besteiras principalmente em ouvidos desesperados por uma tábua de salvação. Se a cigana é mesmo vidente, pouco importa, o que devemos perguntar é: sobre o que ela fez com a menina, ISTO É UMBANDA?

7.2 Os orixás

Há um sem-número de livros que descrevem quem são os orixás, suas origens e as diferentes formas de culto. Não nos ateremos a essas explicações. O que nos interessa é tentar desfazer algumas ideias equivocadas sobre a atuação e a influência das deidades oriundas das mitologias africanas.

7.2.1 Os orixás na África e no Brasil

Muito do que conhecemos sobre os orixás advém da divulgação das lendas e dos mitos dos diversos cultos africanos.

Surra de orixá

Um continente tão complexo como a África não poderia apresentar uma única maneira de entender o mundo. São diversas nações com diferentes histórias de formação.

É oportuno observar que o modo como os orixás são cultuados naquelas terras não é exatamente igual ao que vemos pelas "bandas de cá". E por quê?

Há povos africanos que reverenciam determinadas deidades e desconhecem — ou dão menos importância — a outras. Nem todos os orixás são cultuados em todas as nações. Os rituais diferem a partir de cada visão cosmogônica particular e, por essa razão, não encontramos um panteão de deuses africanos da mesma maneira como temos no Brasil — seja na Umbanda, no Candomblé ou em outros cultos onde os orixás estejam presentes.

No Brasil, diferentes orixás foram reunidos em uma mesma manifestação religiosa devido ao fato de os escravos, originários de várias regiões na África, terem unido crenças e esquecido desavenças históricas por uma questão de sobrevivência.[1]

Esse novo arranjo do culto aos orixás é explicado pelo professor João Luiz Carneiro ao observar que "se na Mãe África esses cultos eram específicos por famílias dedicadas a um orixá, aqui os grupos africanos cultuavam vários deuses e deusas africanos em seu espaço ritual" (2017, p. 18).

O resultado, em nossa realidade nacional foi uma nova compreensão do universo dos orixás, que juntou diferentes lendas de povos distintos em um mesmo culto. Assim,

---

[1] Recomendo a leitura do capítulo "Os orixás", de meu livro *Umbanda bem explicada* (Anúbis, 2019), no qual amplio a questão.

as histórias sobre a vida dos orixás quando encarnados são inúmeras, assim como inúmeras são as nações africanas.

A ressignificação dos cultos em terras brasileiras tem por explicação a busca da sobrevivência, mas nela também subjaz a constante mudança inerente às sociedades. Uma análise muito pertinente encontra respaldo no texto do sociólogo Roger Bastide, que justifica o amálgama das nações africanas com a vida pulsante das relações sociais em um mesmo espaço nesse território.

> As seitas religiosas, células africanas inseridas no tecido vivo da sociedade brasileira, não são células esclerosadas, moribundas, mas células vivas. [...] A vida é a faculdade de se adaptar ao meio exterior ou de mudá-la, de encontrar uma resposta aos problemas que se propõem ou que apresentam circunstâncias sempre mutáveis, em resumo, um poder de criação constantemente renovado. (BASTIDE, 1971, v. 2, p. 307)

Tais células vivas e a possibilidade de se adaptar pela manutenção e pela permanência formam o cenário brasileiro, onde diversas práticas religiosas de matrizes africanas e diferentes formas de entender e reverenciar os orixás se unem e se processam em um mesmo culto. As vertentes que encontramos em solo nacional são representadas seja pela perspectiva de que as divindades tiveram encarnação — com histórias de reinos, casamentos, traições, guerras, vinganças etc. —, seja pela visão de que representam as forças da natureza — o vento, o trovão, as águas e tantas outras.

Surra de orixá

7.2.2 Onde nascem os equívocos?

Muito provavelmente — isto é uma dedução minha —, a interpretação falaciosa de que um orixá pode estar punindo ou "dando uma surra" no médium resultou de histórias parciais propagadas sobre a vida humana da divindade.

Muitas lendas e contos — a maioria trazida da África — narram a passagem dos orixás como seres encarnados. São homens e mulheres que viviam como reis, guerreiros, casais, que têm relações sexuais, que se enganam, que caem em armadilhas, entre outros eventos e caracterizações muito comuns. Obviamente, a existência de histórias tão familiares tem como fundamento e objetivo servir de ensinamento para todos. Com isto, busca-se que as pessoas, ao identificarem, na vida dos orixás, erros e acertos parecidos com os seus, prestem mais atenção às suas atitudes e tentem não incidir nos mesmos equívocos. Daí nascem as lendas.

Entretanto, estas histórias são parciais e, pela natureza da oralidade, alguns dados se perderam da totalidade dos relatos. Como não existe uma forma de controlar o que se conta, muitas pessoas "ouvem o galo cantar" sem saber bem de onde vem e terminam por fixar somente alguns aspectos dos ensinamentos.

Em outras palavras, a maioria das pessoas divulga uma parte do todo e o conteúdo do que é repassado pode trazer distorções sobre a função e a atuação dos orixás.

O fato de, nos contos mitológicos, os deuses serem caracterizados com predicados humanos acarreta que somente os atributos negativos dos orixás, como a raiva, a vingança e o castigo, se destacam, principalmente entre os que desconhecem as religiões de matrizes africanas.

Possivelmente, esse é um dos embriões que gerou a falsa ideia de que orixá castiga. A confusão reside em não separar uma narrativa de caráter doutrinário (em que se falam de seres carnais com o nome de deidades) do valor religioso dos orixás como forças espirituais. Os orixás das histórias foram humanos, enquanto os orixás do plano espiritual são atributos do poder de Deus (Olorum). Se aqueles tiveram reações humanas negativas, estes não estão vinculados às características mundanas. Logo, pois, orixá não bate em ninguém. Se os orixás ocupam um panteão celestial, como aceitar que eles estejam ligados a sentimentos tão retrógrados que geram carma negativo e atrelam as almas à estagnação evolutiva? Estaríamos afirmando que os orixás precisariam reencarnar para pagar a dívida dos atos "menos bons". E sabemos que não é o caso!

Corroboram com minha explanação as palavras de Ademir Barbosa Júnior (Pai Dermes de Xangô) ao afirmarem:

> Uma das características da espiritualidade do Terceiro Milênio é a (re)leitura e a compreensão do simbólico. Muitos devem se perguntar como os orixás podem ser tão violentos, irresponsáveis e mesquinhos, como nas histórias aqui apresentadas. Com todo respeito aos que creem nesses relatos ao pé da letra, as narrativas são caminhos simbólicos riquíssimos encontrados para tratar das energias

Surra de orixá

de cada orixá e de valores pessoais e coletivos. Ao longo do tempo puderam ser ouvidas e lidas como índices religiosos, culturais, pistas psicanalíticas, oralitura e literatura. (BARBOSA JÚNIOR, 2017, p. 23)

Assim sendo, eu, particularmente, não posso crer que um orixá — sendo pai ou mãe — faça algo que venha a prejudicar um filho seu. Isso não é divino!

7.3 Não confundir obrigação com castigo

Ressalto que não se pode confundir alguns conceitos importantes dentro dos fundamentos da religião. Quando alguém — como na história que abre este capítulo — diz que um orixá está prejudicando um filho porque está exigindo isto ou aquilo, devemos pensar muito antes de concordar com a afirmação.

Não podemos nos esquecer, contudo, de que aqueles que professam a fé umbandista, dependendo da casa à qual estão vinculados, têm algumas obrigações a serem cumpridas para com suas entidades.

Para ser mais claro, usarei um exemplo hipotético:[2]

---

2 O exemplo pode não ser uma prática de alguns terreiros, mas, como sabemos, há diferentes formas de se atuar e, por isso, há diferentes escolas. O exemplo é apenas ilustrativo, jamais doutrinário.

Um médium de incorporação pertence a uma casa onde, por regra, pode-se dar passagem a uma entidade para começar a atender às pessoas somente após realizar alguns ritos, sejam eles quais forem (batismo, consagração das guias, ponto-riscado, oferecimento de obrigações aos orixás ou outro estabelecido pelo terreiro).

Suponhamos que esses ritos devam ser renovados de tempos em tempos, e que, por qualquer razão, justificada ou não, o médium não cumpra com o determinado. O que pode acontecer é que a família espiritual do sensitivo começará a avisá-lo da necessidade de cumprir aquela obrigação que ele mesmo aceitou quando ingressou para a tenda onde trabalha. Entretanto, em hipótese alguma, essa cobrança virá atrelada a um castigo. A espiritualidade, que tanto trabalha para auxiliar os outros, não "daria uma surra" no próprio aparelho.

O fato narrado trata das obrigações, que não podem ser encaradas como fardo ou castigo. Insere-se, sim, no rol das responsabilidades assumidas diante do Divino e faz parte do aprendizado de cada pessoa que se dispõe a ser instrumento dos seres espirituais.

Dessa maneira, caso ouçamos que "o orixá está fazendo isso porque você está devendo", ou que "eles [dois orixás] estão brigando por sua cabeça", fiquemos muito atentos para não cairmos em armadilhas. Infelizmente, existem algumas pessoas que, por falta de escrúpulo ou de conhecimento, acabam por estabelecer uma relação de medo entre quem busca a resolução dos problemas e o mundo sutil.

Surra de orixá

ISTO É UMBANDA?

8

O CELULAR DA POMBAGIRA

8.1 Moço, liga para ele

Os compadres e as comadres já estavam em terra na gira de Esquerda. Charutos e cigarrilhas acesas, taças com champanhe... tudo corria como sempre.

Em um canto do terreiro, a pombagira, segurando a saia, conversava com um consulente. Falavam sobre outro homem que também costumava se consultar com ela.

— Onde ele está? — perguntou a entidade.

— Não pôde vir hoje. Pediu desculpas, mas tinha um compromisso inadiável.

Foi, então, que a pombagira disse:

— Moço, quero falar com ele.

Sem saber bem como atender o pedido, o rapaz pega o celular, liga para o amigo e passa o aparelho para a comadre falar...

Triste é pensar que a narrativa acima não é impossível. Vejo, com espanto, que a forma de alguns lidarem com a religião se afasta do conhecimento, da vivência e das tradições. Uma situação como essa, em que uma "entidade" pega o telefone e conversa com alguém que está longe não é um delírio ou um despropósito. Se algum de nós presenciou ou soube de uma cena como essa, certamente, perguntou-se: ISTO É UMBANDA?

8.2 Tradição e modernidade

Vivemos em um tempo em que a tecnologia, além de nos auxiliar — esta sempre fora sua função desde as primeiras invenções humanas —, impõe-se categoricamente em nosso cotidiano. Sem querer entrar na discussão do uso das ferramentas modernas, é fato que o planeta está conectado de modo massivo, e não podemos fugir disto. Já tratei do assunto quando abordei os cursos e vídeos sobre a Umbanda na internet.[1]

---

1 Vide Capítulo 5.

Todavia, ainda se discute muito sobre como aliar o passado e sua história ao que temos em mãos como facilitadores das relações humanas. Mais especificamente, quero propor uma reflexão: como lidar com a ancestralidade espiritual e o mundo moderno?

Ampliando ainda mais a discussão, relembremos as conversas que temos com os nossos amados amigos espirituais — pretos-velhos, caboclos e erês. Segundo a tradição de terreiro, quando falam conosco, essas entidades têm, muitas vezes, um linguajar próprio, uma espécie de dialeto que a experiência e a convivência nos fazem entender. Quem nunca ouviu os termos e expressões "capa [ou casaca] branca", referindo-se ao médico, "casuá", que significa casa, ou "pataco", que indica dinheiro? Pois bem, com base nessa realidade, lanço a pergunta: como conjugar as diferentes formas de agir — grande parte oriunda do início das manifestações religiosas de matrizes africanas — com as mudanças da contemporaneidade?

Sempre procurando ter bom senso, penso muito nessas questões tão atuais e que levam alguns segmentos da Umbanda a determinados exageros. Apresento, a seguir, alguns novos hábitos de tendas que se renderam aos tempos de hoje:

- Devido às dimensões de um terreiro, é possível vermos uma pessoa que tem por missão "puxar" os pontos-cantados usando um microfone para ser ouvido pelo último dos consulentes em uma gira.

O celular da pombagira

- Para ampliar o som dos atabaques, caixas de som são ligadas aos instrumentos e fazem com que o rufar dos tambores soe mais alto.
- Para manter a casa das almas acesa, uma lâmpada vermelha permanece ligada ininterruptamente.
- Como forma de render homenagem às entidades, colocam-se lâmpadas de LED na capa ou na saia dos exus e das pombagiras.
- Durante a gira, um telão transmite os processos da sessão para que toda a assistência possa acompanhar.

Poderia continuar a descrever outras tantas cenas presenciadas em certas casas umbandistas. E, antes que digam que isso não pode ser verdade, a única coisa que afirmo é que meus olhos testemunharam cada uma delas por lugares que visitei presencialmente ou dos quais tive conhecimento pela internet.

Tudo isso nos leva a entender — o que não quer dizer aceitar — o fato de uma comadre pegar o celular para falar com aquele que faltou à sessão.

O que fazer? Eis a questão. Não podemos fechar os olhos para o que vivemos. Seria muito ingênuo achar que tudo o que nos cerca em termos de tecnologia e facilidades deva ser deixado de lado. Não vivemos os tempos do cativeiro, não somos imunes aos *bits* e aos *bytes*. Não nos deslocamos em carruagens e não nos vestimos à moda Luís XV. Contudo, viver o presente com sabedoria não invalida os questionamentos e muito menos deve servir para apagar o lastro da experiência no qual se sustentam as religiões. Tomando os ensinamentos de Sidarta Gautama, o Buda, devemos ter em mente que o caminho do meio é sempre o mais adequado.

8.3 "Escolinha" para as entidades?

A pergunta que abre este subcapítulo poderia ser ampliada e transformada em outra de cunho mais irônico: as entidades que baixam nos terreiros devem aprender mais sobre as formas de lidar com aparelhos e conceitos tecnológicos com os quais convivemos?

Conforme mencionei, não podemos nos afastar da realidade que vivemos. Não haveria propósito em querer expressar nossa crença religiosa nos mesmos moldes de séculos atrás. Resvalaríamos em representações caricatas de demonstração de fé. O cuidado, portanto, reside em não partirmos para o oposto e criarmos espetáculos, que se assemelhariam aos circenses, nos quais fossem introduzidos elementos que comprometeriam toda história e trajetória da religião.

Para ser mais específico e não parecer um simples jogo de palavras generalistas, valer-se de algumas facilidades que o gênio humano foi capaz de criar é render tributo à nossa própria inteligência, dada pelo Criador. Se nossa capacidade criativa colabora para a evolução da espécie, por que não fazer uso de seus resultados? Não me parece absurdo o uso do microfone, do som ambiente durante momentos que antecedem um ritual — para colaborar com o silêncio — e tantas outras formas de ter a tecnologia como suporte.

Daí a extrapolar ou desviar o foco mais importante da práxis umbandista, qual seja o culto da ancestralidade, pode parecer quase uma releitura pós-moderna da tradição. Isso é descabido!

Transitar no bom caminho — entre o grotesco e o sublime, abusando da expressão de Victor Hugo[2] — é muito difícil e, provavelmente, pode suscitar críticas e gerar polêmicas.

Não quero ditar o que é certo ou errado, o que deve ou não acontecer dentro de uma casa que não a minha. O objetivo da explanação deste capítulo é convidar todos nós, adeptos e frequentadores das tendas umbandistas, a mantermos a atenção na singeleza que nos transforma, na beleza da simplicidade que nos cativa e na certeza de nossos alicerces na história e na tradição.

8.4 Então, o que pode ou não de tecnológico em um terreiro?

Não se trata de apresentar uma lista de permissões ou de proibições para a continuidade dos princípios norteadores da Umbanda. Não nos enganaríamos a ponto de achar que seria

---

2   O escritor francês Victor Hugo (1802-1885) deu o título "Do grotesco e do sublime" ao prefácio de sua obra *Cromwell* (1827), apresentando uma reflexão sobre os polos da estética nas artes.

possível encerrar uma religião tão plural em suas manifestações em um apanhado de regras. Entretanto, recomenda-se ter atenção à manutenção do campo vibratório de uma casa e ter em mente como trabalham as entidades de luz no terreiro — tudo o que elas carregam consigo de ensinamento e como, ao longo do tempo, esses espíritos angariaram experiência e sabedoria.

A observância a isso auxilia-nos entender um pouco mais sobre a linguagem específica que os trabalhadores espirituais utilizam e ter o bom senso de perceber a manifestação mediúnica da congregação.

Não ensinaremos aos pretos-velhos como se referir ao tablet; não exigiremos que o exu fale sobre um espião cibernético com estes termos; não quereremos que o caboclo nos oriente nas questões sobre crimes ecológicos; e, muito menos, teremos uma pombagira pedindo satisfação sobre a ausência de um consulente através do celular.

Encerro o capítulo ressalvando, porém, que, se alguém achar que nada disso causa ou cria problemas, sinta-se à vontade, pois, como afirmei, não dito regras, só apresento uma reflexão com o único intuito de preservar a graça, o encanto e a magia de nossa amada Umbanda.

O celular da pombagira

ISTO É UMBANDA?

9

AFINAL, QUEM É MEU PAI?

9.1 E agora, para quem peço a bênção?

A moça já perdera a conta dos lugares onde foi parar com o mesmo objetivo. Seu desejo era saber quem eram seus orixás de cabeça. Na cartomante, ao abrir o baralho, veio a informação: "Você é filha de Oxalá com Iemanjá". Ali começou a saga de tentar entender quem eram seus pais, descobrir suas caraterísticas mais marcantes e compreender os motivos de seus altos e baixos na vida.

Entretanto, as surpresas do destino fizeram com que ela, em uma viagem a Salvador, Bahia, caminhando pela praia, fosse parada por uma cigana devidamente paramentada, de saia colorida e blusa bufante, que, pedindo-lhe a mão para ler, soltou a bomba: "Nossa, filha de Iansã e Ogum! Por isso tem tantos embates na vida. Precisa cuidar disso...".

Apesar de perplexa, descobriu que qualquer esclarecimento deveria vir acompanhado de 50 reais. Deixou o assunto para lá, mas ficou com a pulga atrás da orelha.

Chegando ao Rio de Janeiro, pediu ajuda a pessoas conhecidas. Precisava da indicação de um local onde um bom pai de santo pudesse dirimir suas dúvidas. Foi ao terreiro que lhe disseram e, na consulta com o babalorixá, contou sua angústia e as muitas idas e vindas para ver revelada a sua filiação.

Já havia se aventurado em colocar o nome em um *site* que, com determinadas informações, como dia, hora, local de nascimento, informaria seus orixás. Depois, pediu a diferentes entidades de terreiros distintos as mesmas respostas, até que finalmente aportou em uma casa onde ouviu a seguinte pergunta:

— Para que você quer saber isso?

Aturdida, retrucou:

— Ora, preciso saber para quem peço proteção. Afinal, em quem devo acreditar? Quem me falou a verdade? Vou acabar acendendo vela para todos eles.

A pergunta recorrente em todo o nosso livro, neste capítulo, justifica-se a partir da reflexão: dizer para uma pessoa de quem ela é filha usando da leitura de baralho, *software* da internet, quiromancia ou outro artifício que o valha tem utilidade? De quem é a responsabilidade pela informação e que cuidados devem ser tomados ao revelá-la? ISTO É UMBANDA?

9.2 Cuidado com quem lhe diz quem são seus pai e mãe orixás

Já estou me tornando repetitivo, mas comentarei sobre outro tema que pode suscitar opiniões divergentes — espero que nunca às raias dos embates agressivos. Porém, em uma religião como a nossa, que carece de regras fixadas em livros dogmáticos, não poderia ser diferente.

Há um histórico de distintas práticas que, ao longo do tempo, foram ampliadas, modificadas e adaptadas, conforme as necessidades e as exigências sociais, culturais, políticas, conjunturais, entre outras. Desde as origens dos diferentes cultos na África até a atualidade, por diversos locais do planeta, a questão da filiação apresenta nuances e pontos de vista díspares. Não vejo como solução afirmar que uma forma é mais correta que outra — ou o que, no meu ponto de vista, é mais sério: afirmar que só existe uma única forma de fazê-lo. Cercearíamos a pluralidade — e, com isso, a beleza — das religiões que possuem influências africanas. Quando ouço alguns segmentos religiosos dizendo que "só há um único modo de se saber quem são nossos pais e mães orixás", chego a tremer de susto. Vocábulos como "único", "somente" e "exclusivo" devem servir de alerta para quem os escuta.

Retomando o enredo da historinha que abre este capítulo, também não defendo que as formas pelas quais a mocinha quis especular sobre os senhores de seu ori sejam os corretos. Como sempre, há que se ter uma visão nítida da questão e fazer uso do bom senso para notar a diferença entre referências sem fundamento e uma prática séria e comprometida.

Proliferam por aí um sem-fim de pessoas pouco abalizadas se dizendo conhecedoras dos mistérios e da magia das matrizes africanas. Usam, infelizmente, os nomes de entidades e lançam nas costas deles a responsabilidade pelo que dizem ou fazem. Não julgaremos ninguém aqui. Cada qual que responda por seus atos perante o Divino, mas é fato! Assim, aumenta o número daqueles que abrem suas casas, as intitulam como místicas ou religiosas, e delas acabam jorrando informações distorcidas da verdade espiritual.

A explanação acima nos servirá para podermos apresentar uma noção mais lúcida sobre a revelação da regência da coroa das pessoas.

Tomemos muito cuidado com os falsos profetas espalhados por aí. Eles só sobrevivem porque não são contestados e seguem ludibriando os ingênuos e os aflitos. Não devemos e não podemos nos calar diante desses despautérios.

9.3 As revelações e os oráculos

Vejo muitas discussões sobre a forma certa de se ter a revelação de quais são os orixás que regem nossas cabeças. Alguns esclarecimentos são necessários antes de apresentar minha percepção do tema.

Primeiramente, até mesmo por força de minha profissão como professor de idiomas, creio que conhecer a etimologia das palavras nos auxilia muito na construção do conhecimento. "Orixá", como muitos vocábulos usados nas religiões que recebem influência das matrizes africanas, vem do iorubá òrìṣà (orí, cabeça, e sà, senhor). Ainda há outras possíveis interpretações para o seu constructo conceitual. Uma, que para mim é bastante razoável e significativa, é a de que "òrìṣà seria uma corruptela da palavra oríṣé, contração de ibití-orí-ti-ṣe, ou seja, origem (ou fonte) dos ori" (EBOMI, 2011).

Após entendermos o que significa orixá e compreendermos a relação que as divindades do panteão africano têm conosco, sendo aqueles que cuidam de nossa cabeça, de nossa coroa espiritual, precisaremos entender o que essas deidades representam na teogonia e na teologia africanas.[1] Apesar de este não ser um fórum de discussão sobre quem são

---

[1] A teogonia se encarrega de explicar a origem dos deuses e, por extensão, do universo, já que os deuses são os criadores do cosmos, enquanto a teologia é a ciência que estuda Deus, Seus atributos e a relação das sociedades com a crença em seres divinos.

os orixás, é conveniente sabermos que, dentro dos cultos que possuem influências africanas — em maior ou menor grau —, os orixás são venerados como forças da natureza — atributos do Criador — que influenciam sobremaneira a vida dos adeptos de tais religiões.

A partir dessas considerações, prossigamos com as ponderações sobre quais seriam as possíveis e mais confiáveis formas de obtermos a revelação sobre nossos pais de cabeça.

É bastante aceito que a consulta a oráculos, como os búzios, para a leitura dos orixás de cabeça é a mais indicada no caso de terreiros de Candomblé ou alguns de Umbanda que possuem maior influência das heranças africanas.

Há quem diga que não existe o jogo de búzios na Umbanda, mas não sejamos tão taxativos! Se a maioria não faz uso deste processo oracular, não quer dizer que ele inexista. Pois, como afirmei acima, algumas casas têm maior influência das práticas e rituais advindos dos cultos africanos.

Porém, essa não a única maneira. Há locais onde a revelação dos donos da coroa é feita pelas entidades incorporadas, que são capazes de fazer essas leituras.

Existem ainda, zeladores de casas espiritualistas que, devido a seu dom da clarividência, são capazes de perceber os orixás dirigentes da vida dos consulentes.

Por fim, acrescentando outra possibilidade para tal leitura, sabe-se que, em determinados terreiros, o médium, em certo momento da incorporação, tem a revelação através de uma das próprias entidades.

Seja como for, voltando à pergunta que o pai de santo fez à menina do conto de abertura do capítulo, o mais importante antes de querer saber quem é o pai e a mãe orixá, é saber o que significam os orixás na vida de uma pessoa.

Este alerta é tão importante que cabe abrir um novo subcapítulo para explicar melhor a grandeza da informação.

9.4 Não sou filho de orixá para publicar nas redes sociais

"A curiosidade matou o gato", diz a sabedoria popular. No caso de nosso tema, o ditado bem se aplica, pois vejo, com alguma tristeza, as pessoas quererem saber o nome dos pais orixás sem buscar entender para que isso serve. Por desconhecimento, buscam qualquer um que se intitule "divulgador" da informação — o que é ainda mais sério. O resultado pode ser desastroso e danoso.

Um desastre, porque estimula que mais pessoas falem besteiras a respeito de matrizes religiosas que desconhecem, aumentando o número de críticas e preconceitos e danificando a vida daquele que foi procurar revelações não confiáveis, que podem começar a movimentar energias que desconhece e não domina sem ter alguém abalizado que o ajude.

Portanto, antes das especulações, valha-se de alguns conselhos:

Afinal, quem é meu pai?

- Procure uma casa idônea, da qual amigos possam dar referências sobre a seriedade do trabalho realizado;
- Frequente o terreiro por um tempo. Veja como se sente no local. Avalie o que estar presente em sessões e giras "fala" à sua alma;
- Busque conhecer os fundamentos do templo;
- Converse com a corrente mediúnica e com as entidades incorporadas;
- Aprenda a aprender com paciência e tolerância.

Seguindo esses passos, você entenderá aos poucos que a forma como a religião é praticada pode mudar de local para local e que, dependendo da doutrina, o modo de enxergar a relação dos homens com as divindades pode mudar.

Em resumo, podemos dizer que não existe um método-matriz para sabermos quais são nossos pais orixás. Em uma religião tão plural quanto a nossa, a afinidade com aquilo que mais nos toca o coração e preenche o vazio das angústias das perguntas é que norteará a aquisição de todo o cabedal de informações necessárias para a nossa evolução pessoal. Saber quem nos rege e nos governa serve para isso.

Confie, inicialmente, na casa que o abriga para que não caia na tentação da peregrinação por múltiplas informações que podem, em vez de ajudá-lo, embaralhar ainda mais a sua cabeça.

A conclusão a que chego é a seguinte: saber quem são seus orixás não é como saber qual é o seu signo. De nada adiantaria saber que Ogum é seu pai só para que no dia 23 de abril você publique em uma rede social "Salve, meu Pai Ogum" ou, conhecendo que Iemanjá é sua mãe, você vá à praia no dia 31 de dezembro para pular sete ondas. Orixá é o compromisso de conhecer os motivos pelos quais viemos ao mundo e reconhecer os atributos que devemos trabalhar em nosso caráter para que nos tornemos pessoas melhores.

Como derradeira recomendação, deixo aqui um alerta: se começar a ter diferentes informações sobre sua filiação divinal, pare de procurar. O "lado sombrio" gosta de confundir os que são fracos de mente. Retorne aos conselhos acima e retome as rédeas de sua vida.

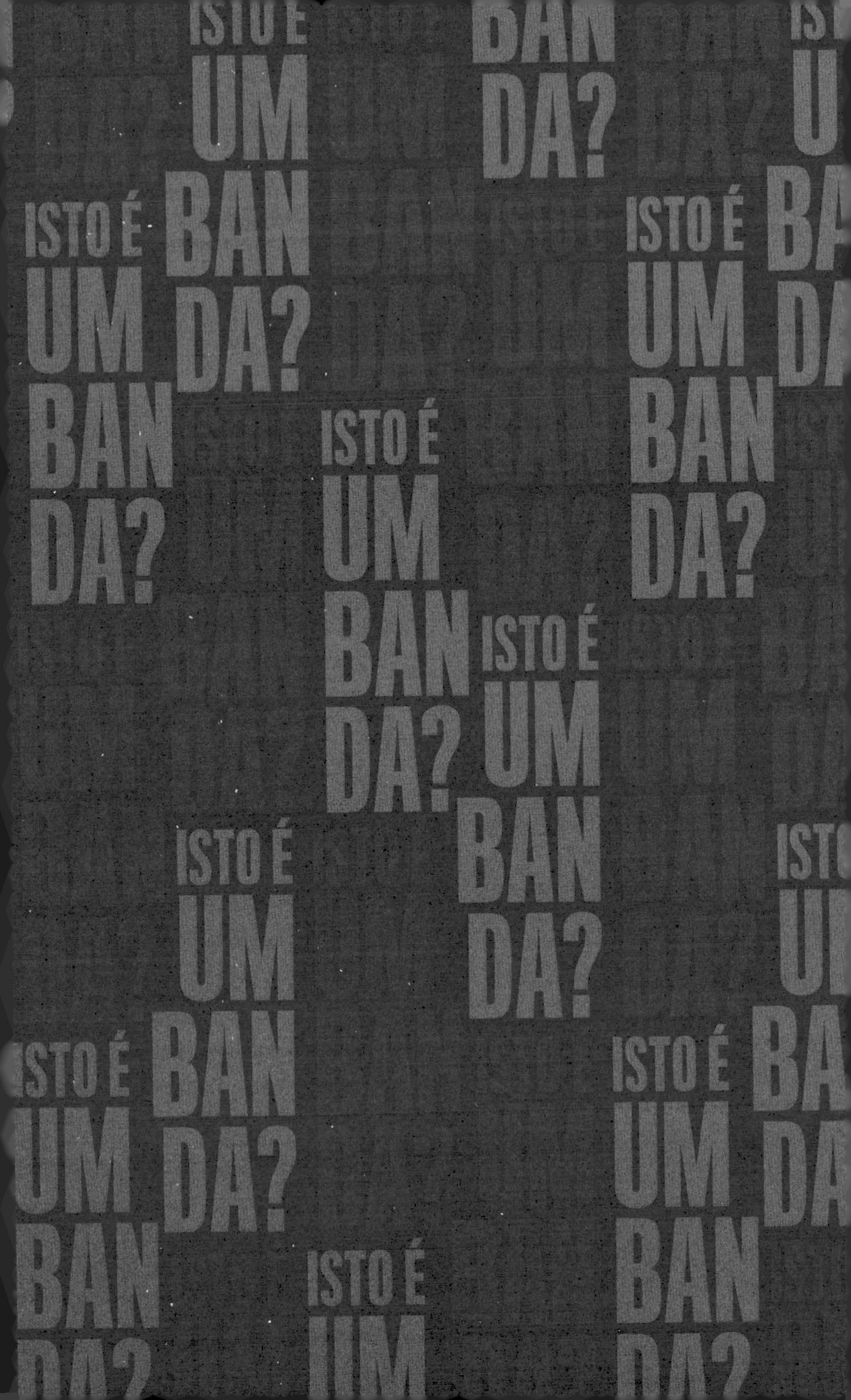
ISTO É
UM
BAN
DA?

ISTO É UMBANDA?

10

AS "BANDAS" DA UMBANDA

10.1 Só um pilar?

Na peregrinação de todos os homens, há aquela fase de buscar conhecer, saber como é, ver como se sente. Foi assim que o rapaz, depois de muito procurar um terreiro, por indicação de uma pessoa amiga, chegou a uma pequena casa onde havia sessões semanais.

Seguindo o conselho de muitos irmãos de fé, começou a frequentar o terreiro para perceber como se sentiria. Chegou pela primeira vez em um dia em que o espaço estava à meia-luz. A gira iniciou. Cantavam-se pontos que saudavam as entidades que iam chegando. Eram os exus e as pombagiras. Consultou-se com um dos compadres presentes, ouviu conselhos sobre a vida e a continuação da caminhada.

Não conseguiu ir na semana seguinte, mas retornou logo que se desvencilhou dos afazeres. Novamente, iniciou-se a gira e os exus e as pombagiras chegaram para trabalhar.

Assim, por algum tempo, o novo frequentador da casa ia renovando as consultas, conhecendo as várias Marias Padilhas, as ciganinhas, os senhores Tranca-Ruas e todos os Marabôs que ali trabalhavam.

Chamou-lhe a atenção o fato de que as giras eram, invariavelmente, de Esquerda. Antes de perguntar ao dirigente do terreiro, pois, na maioria das vezes, ele ficava rodeado de pessoas ao término da sessão, o jovem indagou alguns de seus conhecidos se era possível um terreiro de Umbanda só trabalhar com a Esquerda.

Como sói acontecer ao final de cada historinha aqui, somo minha dúvida à pergunta do moço: um terreiro só com Esquerda? ISTO É UMBANDA?

10.2 Os pilares da religião

Existem — não se pode negar — diferentes concepções e formas de trabalhar com o que chamamos de Direita e Esquerda na Umbanda. Todavia, o ponto em comum entre as diversas compreensões é a aceitação de que a base da religião se sustenta nesses dois pilares.

O universo que forma cada um deles pode variar segundo cada escola. Há práticas umbandistas que os separam em dois grandes grupos; outras os subdividem em categorias; e temos, ainda, as que variam a "presença" das entidades que baixam em um ou no outro lado. Todavia, para que possamos dizer que se trata de Umbanda, as duas partes constitutivas devem coexistir, garantindo o equilíbrio que sustenta a religião.

A fim de exemplificar algumas dessas interpretações — jamais com o objetivo de limitar ou de estabelecer como únicas formas —, vejamos como os terreiros de Umbanda concebem os pilares da Direita e da Esquerda:[1]

	Direita	Esquerda
a)	Orixás e entidades, como caboclos, boiadeiros, pretos-velhos, crianças, marinheiros etc.	Exus, pombagiras e malandros
b)	Orixás e entidades, como caboclos, boiadeiros, crianças, marinheiros etc.	Almas (pretos-velhos, exus, pombagiras e malandros)

---

[1] Esses exemplos são fruto de algumas visitas a terreiros e da consulta a alguma bibliografia, porém — repetimos — não são únicas e nem excluem pequenas variações na interpretação.

As "bandas" da Umbanda

	Direita	Esquerda
c)	Caboclos, boiadeiros, pretos-velhos, crianças, marinheiros etc.	Exus e pombagiras

Vimos que, dependendo da concepção de trabalho com as entidades, há terreiros que colocam as linhas de Direita e de Esquerda em dois grandes grupos (grupo a). Outras casas apresentam uma pequena variação na compreensão do tema e realizam os trabalhos agrupando as falanges de pretos-velhos e exus em uma Linha das Almas, pois os pretos-velhos têm trânsito livre tanto na Direita quanto na Esquerda (grupo b). Existem, ainda, algumas escolas umbandistas que entendem os orixás como forças da natureza e não os classificam nem como uma nem como outra. Nesses casos, a distribuição entre Direita e Esquerda se faz somente com relação às entidades, desde os caboclos até os exus (grupo c).

Não mencionei outras linhas de trabalho, como os ciganos, por exemplo. Como experiência vivida, encontrei terreiros que percebem os ciganos como Esquerda — nomeando algumas pombagiras como Ciganinha, por exemplo — e outras tendas que fazem sessões específicas de ciganos, classificando-os como uma Linha da Direita.

Até aqui, são variações na forma, jamais no conteúdo. Ou seja, a Umbanda é Direita e Esquerda. Se as casas estão ancoradas no desenho dos dois pilares — e isso não nos parece alvo de questionamento —, a primeira conclusão a que chegamos é a de que a religião se alicerça nessa polaridade.

Quaisquer construções diferentes — que, inclusive, são capazes de existir — residem em outros amálgamas de práticas religiosas, que podem conter práticas umbandistas, mas que não são estritamente Umbanda. Vamos nos ater somente à nossa religião.

Não estamos abordando este tema na tentativa de apresentar quais são as características básicas da Direita e da Esquerda; como também não definiremos quais são as entidades que trabalham em uma ou em outra. O objetivo é alertar para que, ao escutarmos que uma determinada expressão religiosa se define como Umbanda, verifiquemos se ela está fundamentada em Direita e Esquerda. Em outras palavras, o que caracteriza a Umbanda é a existência das duas vertentes. Se assim não é, com todo o cuidado possível, devemos rever os conceitos, para afirmarmos se essa manifestação de fato se refere à Umbanda.

10.3 Alerta

Antes de encerramos, é importante pontuar que não estou afirmando que a Esquerda é ruim ou pertencente às coisas malignas, e que esta seria a conclusão da historinha que abre o capítulo. Ou que aquela casa que se diz de Umbanda é ruim. Nada disso! Desfaçamos a visão dicotômica de bem e mal que insiste em classificar a Esquerda como a que guarda os espíritos trevosos.

A Umbanda, assim como outras filosofias espirituais, compreende o universo como polos que se complementam. Encontramos na simbologia do *yin-yang* um exemplo pertinente e elucidativo que representa a vida a partir da lei da complementariedade. O silêncio é o complemento do som; todo fim é a porta do começo; a luz e a escuridão se alternam, quando um aparece, o outro retrai... Assim são a Direita e a Esquerda da Umbanda: o mundo em busca do equilíbrio entre as partes; sem uma, a outra não pode existir.

Acredito que, de posse dessas informações, aqueles que buscam visitar e/ou conhecer um terreiro de Umbanda agora tenham melhores condições de verificar certos elementos que a caracterizam e se sintam seguros para perguntar — sem intenção de inquérito — sobre os fundamentos da casa aos dirigentes dos locais que visitarem. Dessa forma, além da percepção energética que todos somos capazes de ter, pois um terreiro pode nos causar mais bem-estar que outros, os amigos leitores têm em mãos noções mais amplas sobre a religião para garantir-lhes mais segurança.

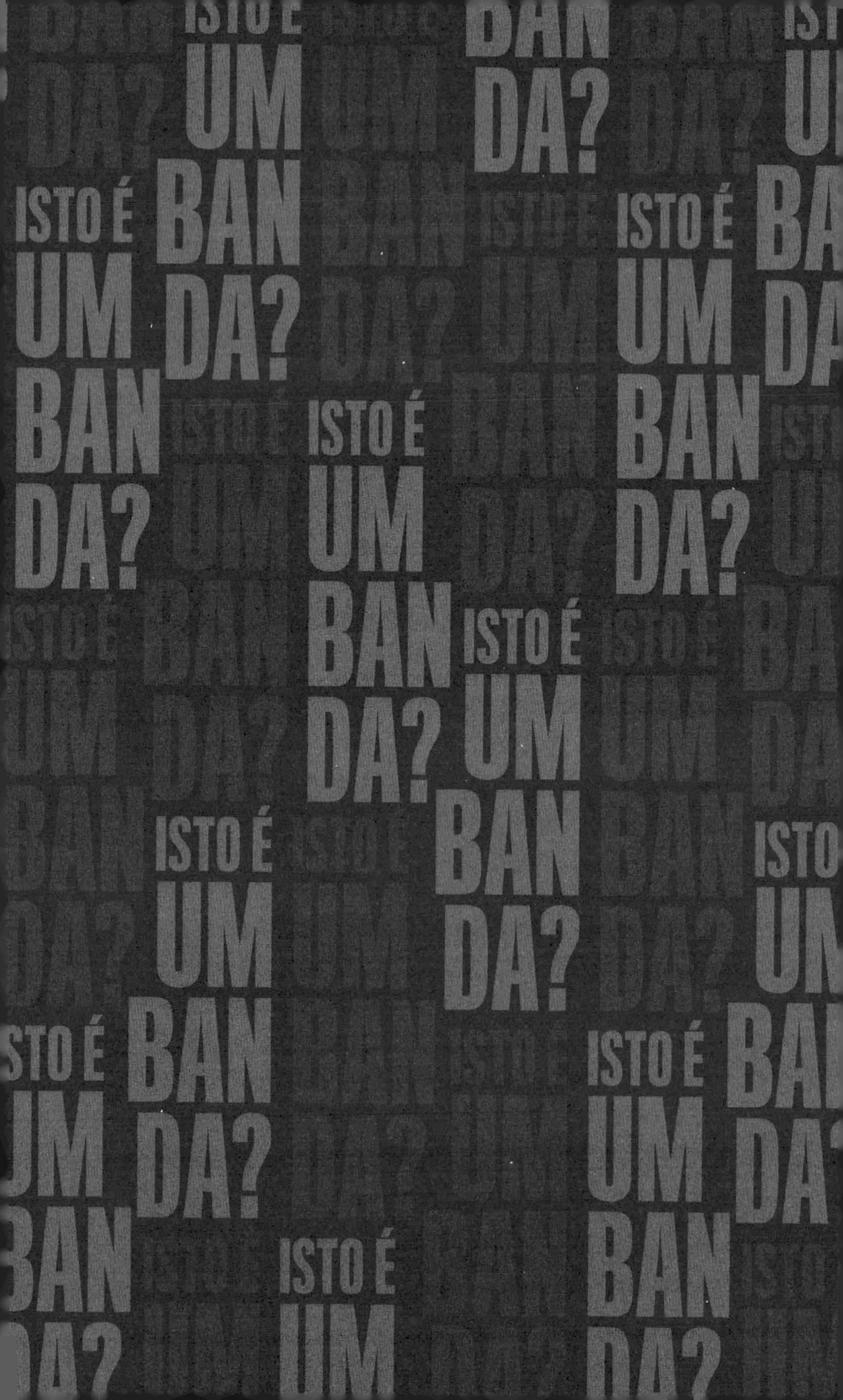
ISTO É
UM
BAN
DA?

11 ISTO É UMBANDA?

AFINAL, SE NADA DISSO É UMBANDA, O QUE É UMBANDA?

Felizmente, a questão acima não pode ser respondida de forma objetiva. Seria necessário outro livro — provavelmente, com muitas páginas mais — se quiséssemos abranger a Umbanda em toda a sua forma de expressão. Ouso dizer que seria uma tarefa que beira a impossibilidade.

Essa religião brasileira é tão vasta quanto as dimensões do país. Basta tomarmos como referência as diferentes formas de "ser brasileiro". Não há um modelo, não há uma forma, não há uma regra que diga "isto é Brasil" ou "o Brasil é só isso". Somos muitos "brasis" dentro de uma nação com poder central e leis estabelecidas que permitem uma variedade de maneiras de ser — respeitadas as histórias, as intervenções externas e internas e os caminhos peculiares que cada região seguiu. Temos um idioma em comum que não é falado do mesmo jeito por todos os lugares. Um exemplo da língua portuguesa cabe perfeitamente aqui para explicar a diversidade de expressões que a religião de Umbanda representa.

Por meio desse comparativo, temos uma noção da dificuldade de mapear a religião. Acompanhem meu raciocínio sobre a língua portuguesa para ter uma ideia melhor do que digo sobre a Umbanda.

Segundo a norma culta, não se iniciam orações com pronomes átonos. Então, pelas regras gramaticais, é equivocado dizer "me dá um cigarro".[1] Entretanto, por acaso não estamos falando português quando dizemos essa frase? Não a ouvimos de forma muito corriqueira em nossas relações sociais?

Pode parecer que a comparação entre o idioma e a Umbanda seja estranha, mas, da mesma maneira como há um viés condutor que resguarda a norma da língua, devemos ter alguns princípios básicos que definem a religião, mas não a encarcera.

---

[1] O escritor modernista Oswald de Andrade (1890-1954) tratou de tais diferentes usos do idioma com esse verso em um poema intitulado "Pronominais", no livro *Pau Brasil*, lançado em Paris em 1925.

Por isso, parece-me muito complexo definir a Umbanda, sob o risco de não abordar ou citar alguma forma de praticar a religião. O que afirmo sobre a dificuldade de estruturá-la é motivado pela diversidade de influências que, ao longo dos tempos, a Umbanda recebeu — e ainda recebe.

Soma-se à história de resistência e incompreensão das religiões de matrizes africanas a ausência de livros doutrinários. Isso, muito provavelmente, colabora para certo distanciamento entre as diferentes maneiras de culto. Logo, somos "umbandas" na Umbanda.

As explicações até aqui apresentadas justificam o intento do livro em ser um alerta contra a errônea imagem que fazem da Umbanda a partir de algumas práticas que determinadas pessoas atribuem à religião, sem o objetivo, contudo, de definir o que é Umbanda.

Não somos uma seita, não praticamos o mal, não invocamos forças obscuras, não cultuamos seres demoníacos, não temos sortilégios de qualquer natureza para fins egoístas, levamos em consideração o caminho da vida e a felicidade das pessoas. Em outras palavras, não amarramos ninguém! Não visamos ao lucro ou ao enriquecimento por meio dos dons divinos. Pela teoria da negação da proposição, se não somos essas coisas, o que somos? Uma religião que pratica o bem, se relaciona com as forças de luz, cultua divindades de energias sutilíssimas e prega o amor e a caridade.

O que pode diferir de um terreiro para outro, de um estado para outro ou de uma região do país para outra é a forma, nunca os princípios contidos. Inclusive, uma canção reconhecida como "Hino da Umbanda"[2] assevera: "A Umbanda é paz e amor/ é um mundo cheio de luz/ é a força que nos dá vida/ e à grandeza nos conduz".

Uma leitura atenta a tudo o que aqui foi apresentado é capaz de perceber que o texto não teve o objetivo de apresentar uma teoria que estabeleça o que é a Umbanda em termos dogmáticos. Nosso livro buscou, por meio de reflexões do cotidiano, apresentar alguns alertas para determinadas práticas e conceitos que atribuem à religião. O principal objetivo de cada capítulo era mostrar que, quando se relacionam essas concepções à Umbanda, seja pelo motivo que for — devido à falta de conhecimento, de experiência ou mesmo de decoro —, as pessoas acabam por colaborar com uma visão preconceituosa e equivocada do que vem a ser a religião.

A contemporaneidade, por intermédio das redes sociais, contribui para a divulgação dessas associações equivocadas e, muitas vezes, como um megafone cibernético, difunde notícias que beiram a falta da verdade.

É sabido que lutamos contra a intolerância externa de segmentos religiosos que, sem os argumentos do conhecimento, atacam-nos com base em falácias e discursos de-

---

2   No 2º Congresso de Umbanda, em junho de 1961, no estádio do Maracanãzinho (RJ), a canção composta pelo português José Manuel Alves foi apresentada e reconhecida como o "Hino da Umbanda". (SOARES FILHO, 2017, p. 78.)

corados e fragmentados de textos sagrados. Nossa voz não pode se calar, é nosso dever apresentar análises como as que ora terminamos para difundir com seriedade e simplicidade a realidade cultural das religiões que possuem matrizes africanas, indígenas e tantas outras. Não somos "fazedores do mal". Entretanto, mais do que saber desta verdade, precisamos mostrá-la pelo discurso coerente e coeso da cultura que nos conforma.

Se reconhecemos a dificuldade de dar fim aos conflitos inter-religiosos, não podemos terminar esta obra sem chamar atenção para vivências ainda mais duras de enfrentamentos: as resistências intrarreligiosas. Há inúmeros locais onde adeptos de nossa religião — ou que se dizem umbandistas — insistem em atacar outras escolas e buscam desmentir ou diminuir modos diferentes de praticar a religião. São situações complexas e sérias que nos enfraquecem e colaboram com as demais religiões, que se aproveitam de nossos embates, tantas vezes públicos, para formular ideias erradas do que somos. Quero deixar registrado com esta observação final que muitas vezes fornecemos aos outros os argumentos que eles tanto precisavam para deturparem a verdade e macularem nossa imagem. Cuidemos disso!

Que Pai Oxalá nos dê sempre a luz do entendimento para que sigamos fiéis aos nossos princípios e firmes no propósito de levar ao mundo inteiro a sua bandeira com a verdade da alma.

Se, por acaso, qualquer realidade que você, irmão leitor, irmã leitora, viva ou tenha vivido seja diferente das reflexões aqui apresentadas, peço-lhe paciência e tolerância, pois jamais foi meu objetivo afirmar que a religião é somente o que se descreve nestas páginas. Unamo-nos por meio do que pode nos fortalecer diante dos que não nos entendem e deixemos para o âmbito interno do diálogo amoroso a oportunidade de conhecer e trocar experiências enriquecedoras sobre as "umbandas" da nossa Umbanda.

Meus mais sinceros desejos de paz, luz e axé!

ISTO É UM BANDA?

ISTO É UMBANDA?

CONCLUSÃO: COM A PALAVRA, A UMBANDA!

Após tantos questionamentos sobre práticas, crenças e atitudes que colocam em xeque o sentido da Umbanda, passemos, neste momento, a dar a palavra à própria expressão religiosa, como síntese do que lhe conforma. Daremos voz, em um texto ficcional, à personagem Umbanda. Fale, Umbanda!

• • •

O hino entoado em minha homenagem, desde a metade do século passado, traz os versos sagrados que me definem: "A Umbanda é paz e amor!".

Se tal assertiva me caracteriza, ainda me espanta saber, ler e ver que haja tanta incompreensão sobre mim, sobre o que faço ou o que prego. Eis o motivo pelo qual, neste momento, peço, humildemente, licença para lhes falar quem sou.

E, se lhes posso ainda fazer outro pedido, antes de dizerem que faço isso ou aquilo, que trabalho com essa ou aquela força, busquem saber de fontes seguras quem sou. Não se deixem levar pelo discurso inflamado dos que, com motivos sórdidos ou mesquinhos, querem somente me difamar. Seria medo do poder que posso vir a ter? Seria uma forma de manter cativos seus seguidores e não correr o risco de perdê-los para outro segmento religioso? Falar do que não se conhece, além de ser crime — difamação e injúria —, é uma forma desonesta de lidar com o outro.

Não se enganem os que acreditam no que lhes dizem sem que possam ter a oportunidade de, por si mesmos, verificar a veracidade do que lhes é imposto.

Houve épocas — alguns séculos atrás — em que determinadas congregações religiosas, por ingerências políticas, criaram determinados dogmas com vistas a manter presos seus fiéis. Criaram-se regras e ações que impediam contestações, sob pena, inclusive, de se perder a vida. Quantas incongruências e desmandos colocaram nas fogueiras inquisitoriais pessoas inocentes sem chance de defesa. Eram ameaças? Faziam o quê? Eram contestadoras das ordens! Bastava que as apontassem como perigosas para que assim fossem vistas e, sem questionamento, encontrassem o fogo ou a forca.

A apologia da não contestação amordaçou as sociedades por milênios. Calar era preciso, e difamar o outro servia para se proteger e se valorizar.

Não raro, a poeira do tempo traz o cheiro de tantas atrocidades, e vemos repetirem-se discursos falsos, que tentam somente derrubar o que lhes é ameaçador ou, simplesmente, diferente.

Porém, amigos-irmãos leitores, não sou o discurso da política que toma posição. Sou apenas uma religião brasileira que sofre diante de tantas palavras agressivas e sem embasamento ou verdade. Sou a raiz de uma cultura, represento tantos homens e tantas mulheres que, com fé, veneram o sagrado nome de Deus.

Creio, firmemente, que é meu dever trazer os fundamentos daquilo que me conforma para que, os que desejarem falar de mim, façam-no com conhecimento de causa!

Sou monoteísta, pois creio em um só Deus criador de todo o universo — assim como tantas outras religiões. Orixás, santos e entidades são o reflexo deste Pai Uno, são expressões de um único poder! Respeito todas as criaturas e entendo que cada uma delas cumpre um papel no mundo.

Em meus braços, repousam as forças da natureza em suas diferentes manifestações. Sou o dia e a noite, o sol e

Conclusão

a lua, sou o vento, o fogo, a água e o ar que alentam. Sou a folha que cai, sempre pela vontade do Pai. Sou a flor que nasce para embelezar os dias e a planta que se utiliza para amainar as enfermidades. Sou a sabedoria dos pajés, a alegria dos infantes, a coragem dos guerreiros que defendem — e não a covardia dos que pecaminosamente atacam somente por atacarem. Desde meus primórdios, fui criada para atender os mais humildes e necessitados. Em minhas bases, estão o amor e a caridade.

Não sou o trabalho de magia que prende, não faço o mal a quem quer que seja — ainda que alguns desavisados cheguem às minhas casas pedindo isso. Não tenho pacto com uma criação medieval chamada diabo — figura esta, aliás, que desconheço. Em meus templos, as invocações do mal sequer são proferidas — como acontece em outros lugares que tanto vejo chamando "aquele nome".

Se não for pela misericórdia que invocam as forças da natureza, não é por outro motivo que minhas portas estarão abertas.

Sou a doçura do consolo de um negro-velho que, de tanto apanhar no lombo, aprendeu que revidar é magoar--se. Sou o conhecimento das matas na voz de um indígena que só quer a cura dos que a ele procuram. Sou a inocência de uma criança que merece respeito e se atrela sempre à verdade. Sou o guardião dos amigos, a proteção e o escudo dos que creem.

Ainda que digam que os espíritos de luz que acorrem aos terreiros e estampam o meu nome sejam menores, involuídos ou impuros, não há um que seja traiçoeiro ou que desconheça as leis de Deus. Somos tementes, mas não tememos. Eis a diferença! Não prendo ninguém, tampouco obrigo que fiquem em minhas casas. Não barganho ou ameaço. Não busco lucro nem sou profissão de orientador espiritual.

Quantas vezes vi, e vejo, aflitos obterem graças imensas e nunca mais voltarem nem para dizer "obrigado". Não faço nada para ser elogiada. Faço por determinação do plano superior. Sou a liberdade do ir e vir.

Não sou espetáculo de luzes e sombras nem palco para egos. Não tenho letrados ou incultos ocupando espaços diferentes. Somos todos UMA SÓ BANDA.

O que toca a alma não se restringe ao discurso pomposo e à retórica do convencimento. O que cala no coração dos que me seguem é o sentimento mais puro de que só O AMOR vence as demandas da vida. Não sou promessa nem cobro pelo dom, pois acredito na máxima de Jesus: o que de graça se recebe, de graça se doa.

Não sou adoradora de ídolos. Representações das manifestações divinas ornamentam meus gongás, que são pontos de convergência da força que por meio da imagem deflagra em meus seguidores a energia benéfica para a transformação. Sei — e os adeptos de minha existência também sabem — que os santos, flores, velas, objetos e

Conclusão

tudo o mais que compõe cada terreiro são somente a representação do que é o sutil divino aparelho da vida: Deus!

Tenho, em meus rituais, cânticos de louvores da mesma maneira que outras religiões também têm. Possuo uma série de orações, gestuais e preceitos, como outros irmãos que caminham em outras religiões. Não sou melhor nem maior que ninguém. Não estou competindo nem buscando números para expor minha importância. Quero ser — e, pelo Criador, sou — aquela que dá consolo a quem chora e que orienta quem se perdeu. Sou a esperança dos desacreditados e o lugar de honra dos que foram esquecidos por não terem bens.

Meu espaço honra o ensinamento divino de que somos TODOS irmãos.

Sou a Umbanda, transparente e sem rodeios. Sou a Umbanda, para além dos muros do templo. Não posso ter em minhas casas uns que se comportem de uma forma e, fora, envergonhem meus pilares. Aquele que pisa em um terreiro e sente o abraço de uma entidade de luz sabe do que estou falando.

Os que têm testemunhos vivos das benesses que receberam — por merecimento, nunca por escambo — podem dizer aos quatro cantos do mundo: "a Umbanda 'é um mundo cheio de luz; é a força que nos dá vida, e a grandeza nos conduz!'".

Porém, se ainda se apegam às torpes falas dos que querem me vilipendiar, peço que estudem em fontes seguras e idôneas antes de repetirem como papagaios adestrados — e para que não sejam chamados de tolos — mentiras e inverdades sobre algo que é divino, sutil e amoroso.

Lembrem-se de que a verdade não é somente o que o outro diz que é verdade. Ele pode ter objetivos escusos e estar lhe vedando a chance de ser mais fiel ao mandamento de Deus: "Amai-vos uns aos outros!".

Viva os caboclos, os pretos-velhos, as entidades de modo geral, que nos ensinam e aprendem conosco!

Viva a Umbanda!

ISTO É UMBANDA?

REFERÊNCIAS

BARBOSA JÚNIOR, Ademir. *O livro de ouro dos orixás*. São Paulo: Anúbis, 2017. 192 p.

BASTIDE, Roger. *As religiões africanas no Brasil*: contribuição a uma sociologia das interpenetrações de civilizações. São Paulo: Pioneira, 1971. 2 v.

CARNEIRO, João Luiz. *Os orixás nas umbandas*. São Paulo: Fonte Editorial, 2017. 110 p.

EBOMI. O que são os orixás e todo o seu conceito?. *Juntos no Candomblé*, [S. l.], ago. 2011. Disponível em: http://www.juntosnocandomble.com.br/2011/08/o-que-sao-os-orixas-e-todo--o-seu.html. Acesso em: 3 ago. 2022.

GI. Saiba quanto tempo leva para cada material se decompor. *GI. com.br*, Rio de Janeiro, 9 abr. 2012. Disponível em: https://g1.globo.com/rio-de-janeiro/rio-mais-limpo/noticia/2012/04/saiba-quanto-tempo-leva-para-cada-material-se-decompor.html. Acesso em: 2 ago. 2022.

GINZBURG, Carlo. *O fio e os rastros*: verdadeiro, falso, fictício. Tradução: Rosa Freire Aguiar, Eduardo Brandão. São Paulo: Companhia das Letras, 2007. 456 p.

JORGE, Érica. Desmistificando exu e pombagira. *In*: RIVAS NETO, F. (org.). *Exu e pombagira*: uma visão teológica. São Paulo: Arché, 2015. cap. I, p. 17-52.

RIBEIRO, Fernanda L. *Umbanda*: e teologia da felicidade. São Paulo: Arché, 2013. 144 p.

SOARES FILHO, Daniel. *Aruanda*: a morada dos orixás. São Paulo: Anúbis, 2017. 144 p.

SOARES FILHO, Daniel. *Umbanda bem explicada*. São Paulo: Anúbis, 2019. 160 p.

SOUSA, Rainer Gonçalves. A origem do diabo. *In*: REDE OMNIA. *História do Mundo*. Goiânia, [20--?]. Disponível em: https://www.historiadomundo.com.br/curiosidades/a-origem-do--diabo.htm. Acesso em: 2 ago. 2022.

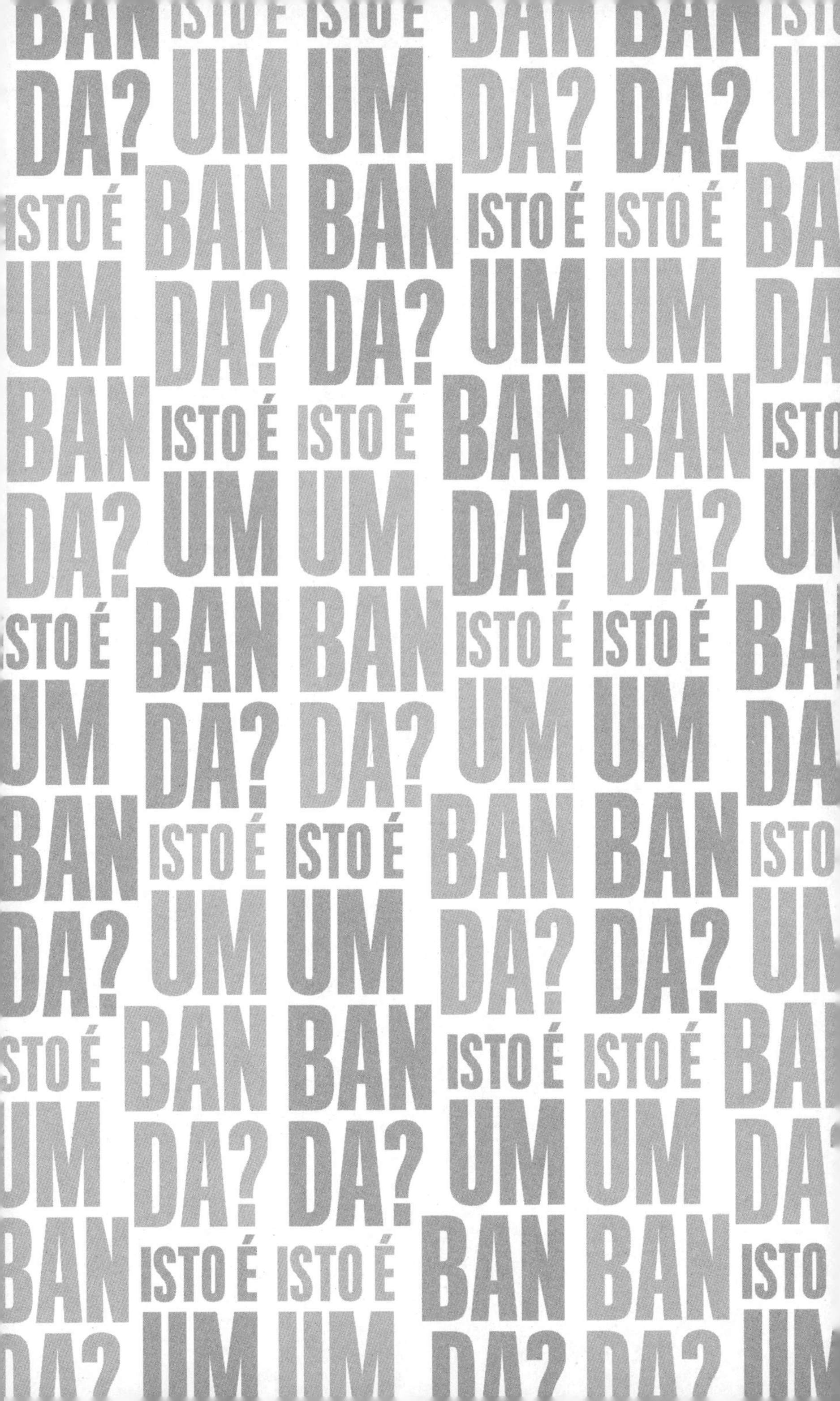
ISTO É
UM
BAN
DA?

Este livro foi composto com a
tipografia Calluna 11/16,5 pt e impresso
sobre papel Avena 80 g/m²